U0083266

古代歷史文化 研究輯刊

五 編

王 明 蓀 主編

第 8 冊

唐代汴州
——宣武軍節度使研究

曾賢熙 著

國家圖書館出版品預行編目資料

唐代汴州——宣武軍節度使研究／曾賢熙 著 — 初版 — 新北
市：花木蘭文化出版社，2011〔民 100〕
目 4+160 面；19×26 公分
（古代歷史文化研究輯刊 五編；第 8 冊）
ISBN：978-986-254-422-8（精裝）
1. 地方政治　2. 唐代
618　　　　　　　　　　　　　　　　　100000578

ISBN-978-986-254-422-8

古代歷史文化研究輯刊
五 編 第 八 冊　　　　　　ISBN：978-986-254-422-8

唐代汴州——宣武軍節度使研究

作　　者　曾賢熙
主　　編　王明蓀
總 編 輯　杜潔祥
印　　刷　普羅文化出版廣告事業
出　　版　花木蘭文化出版社
發 行 所　花木蘭文化出版社
發 行 人　高小娟
聯絡地址　新北市永和區中正路五九五號七樓之三
　　　　　電話：02-2923-1455／傳眞：02-2923-1452
電子信箱　sut81518@gmail.com
初　　版　2011 年 3 月
定　　價　五編 32 冊（精裝）新台幣 56,000 元

唐代汴州
——宣武軍節度使研究

曾賢熙　著

作者簡介

曾賢熙，中國文化大學史學研究所博士，曾任大葉工學院共同科講師、副教授、大葉工學院教務處課務組主任，現任大葉大學造形藝術學系、通識教育中心合聘副教授。撰有《唐代前期（618-755）對安西四鎮的經營》（碩士論文，1983），《唐代汴州——宣武軍節度研究》（博士論文，1991），以及在期刊、研討會發表之論文 30 餘篇。

提　要

　　唐代宣武軍節度使轄汴、宋、亳、穎四州，此四州居河、淮之間，地勢低平，水道縱橫，自古即為關中通東南地區的交通要道。隋煬帝開通濟渠，目的不僅為遊幸，至唐，通濟渠更成為轉輸東南財賦至西北的大動脈，汴、宋、亳三州為運河所經，唐長安政府對東南財賦的倚賴程度愈大，此區地位益形重要。

　　首都為首善之區，人文薈萃之地，隋唐政府以國防及政治因素，定都長安。關中地區地狹人稠，糧食常不能自給，至高宗、武后時，因對外用兵及官僚集團的膨脹，每遇飢荒，輒有就食東都之行。玄宗重視漕運，把關東的財賦區與關中的政治文化中心緊密的結合在一起，成就了大唐盛世。

　　安史之亂後，河北租賦不入王室，唐中央政府對東南地區糧食的需求轉殷，主控通濟渠運道的宣武軍節度使人選，甚受朝廷重視。河南、河北藩鎮叛亂時，本區為敵對雙方爭取的對象，吐蕃、南詔寇擾時，本區提供防秋、防冬之兵與糧。

　　黃巢之亂，竄擾中國幾半，兩京殘破，東南地區生產事業遭受重大打擊，唐政權漸步入衰亡。朱溫降唐，以宣武軍為基礎，經二十幾年的發展，陸續併吞鄰鎮，成為當時天下第一強藩，終於篡唐。朱溫定都汴州，從此中國政治中心東移，以全國經濟重心東移故也。

目次

附　表

第一章　緒　論

　　以中華文化的演進觀之，強勢的漢文化係起源於黃河、渭水流域。夏、商、周三代華夏民族的政治和文化活動，即以黃河、渭河中下游爲中心，其發展的方向是東西向的。中國幾個著名的古都如長安、洛陽、開封等，即分布在此區域，以秦漢大一統版圖來比較，當時政治、經濟、文化的重心，仍偏西北，這種態勢直到西晉末年（西元 316 年，晉愍帝建興四年），才起了變化。永嘉之亂和晉室南遷，第一次改變了此一傳統形勢。一批批的知識分子和勞動力遷往南方（淮水流域以南），使江淮地區的經濟和文化發展都受到深刻的影響。到東晉末年，東南地區已經達到了「天下無事，時和年豐，百姓樂業，穀帛殷阜，幾乎家給人足矣。」〔註1〕北方雖受到戰爭的破壞，但至北魏統一了北方之後，實行均田制、三長制、班祿制，使得經濟、社會秩序逐漸恢復，終至形成了南北朝互相抗衡的局面。

　　隋唐之際，北方、尤其是關東地區（今河北、山東、河南地區）物產豐饒，人文薈萃，重要的政治、軍事活動均集中在北方。但唐代前期，首都所在的關中，糧食已顯不足，高宗已有就食東都的行動，國家賦稅漸倚重東南地區。安史之亂後，關東殘破，河北藩鎮割據，政局動盪不安，居民大量南遷，促成東南地區的繁榮，江淮財賦遂爲國家命脈之所繫。連繫經濟區與文化區的大動脈通濟渠的通塞與否，與唐帝國運勢之興衰，息息相關。

　　唐末五代，北方軍閥的混戰，黃河中下游殘破益甚，依賴經濟支援的政治中心逐漸東移、南移。趙宋之都開封即是著眼於經濟的考量。靖康之難，宋

〔註 1〕見唐・房玄齡等，《晉書》（北京：中華書局，1974 年 11 月第一版），卷二十六〈食貨志〉，頁 792～793。

室南渡，政治文化中心南移，南宋政府對江南之依賴愈甚，對江南之開發貢獻亦愈大。蒙古滅金、滅宋，而定都北京，實以國防軍事為最重要因素。為把經濟重心與政治重心連結一起，有南北大運河的開鑿，明清繼之。東南地區經濟文化的發展，已明顯超越北方。清末列強侵略，通商口岸開放，政治經濟中心則更由東南而趨於沿海矣，此為二千年來政治經濟文化中心逐漸東、南移之大勢。其轉移的形式為：經濟重心先向東南發展，政治中心隨之而來，當另一新經濟區更發達繁榮，政治中心亦隨之而變動。唯元、明、清三代都於北京，不合於經濟發展的趨勢，故大運河於元明清亦猶通濟渠之於唐宋。

任一朝代就其所能控制的疆土選擇國都所在地時，史念海先生認為自然環境、經濟、軍事以及社會基礎都是應該考慮在內的，然各朝代所偏重的因素不同，國都地點也隨之而異〔註 2〕。侯甬堅先生亦提出選擇國都之四項原則：區域中心地、內制外拓、故地人和、因地制宜〔註 3〕。揆諸史實，中國古代黃河流域的政治、經濟與社會文化，俱優於其他流域，且政治地理的局勢以東西對立為主，中央政府能控制東方則強，反之則弱。如武王滅殷、秦吞六國、漢勝西楚、景帝定七國之亂。北周滅北齊、隋統一南方。關中地位進可攻、退可守，誠為國都之最佳地點。安史亂後，南方更為繁榮，至五代，南方諸國足以與中原地區相抗，原政治地理東西對立的局面始轉為南北對抗，加上宋以後，外患來自北方及東北，元、明、清都北京，其來有自。

在整個形勢由東、西方相輔相成乃至相抗的局面轉為南北相倚重、相頡抗的過程，亦經數百年的推移，在其演變過程中居樞軸地位者，厥為汴州。

冀朝鼎先生早在 1936 年就提出「基本經濟區」的觀念（見圖一）。所謂「基本經濟區」，即是「其農業生產條件與運輸設施，對於提供貢納穀物來說，比其他地區要優越得多，以致不管是哪一集團，只要控制了這一地區，它就有可能征服與統一全中國。」〔註 4〕西漢都關中，其所倚重的經濟區在關東。隋唐亦都關中，唐代前期，關東仍為經濟文化之極重要地區，政府稅收大半來自此區。而安史亂後，黃河流域殘破，河北又為藩鎮所據，賦稅不入

〔註 2〕 參見史念海，〈中國古都形成的因素〉，收入《中國古都研究》第四輯（杭州：浙江人民出版社，1989 年 3 月第一版），頁 1～36。

〔註 3〕 參見侯甬堅，〈中國古都選址的基本原則〉，收入《中國古都研究》第四輯，頁 37～53。

〔註 4〕 參見冀朝鼎著，朱詩鰲譯，《中國歷史上的基本經濟區與水利事業的發展》（北京：中國社會科學出版社出版，1981 年 6 月第一版），頁 10。

圖一：中國歷史上各個時期基本經濟區位置圖

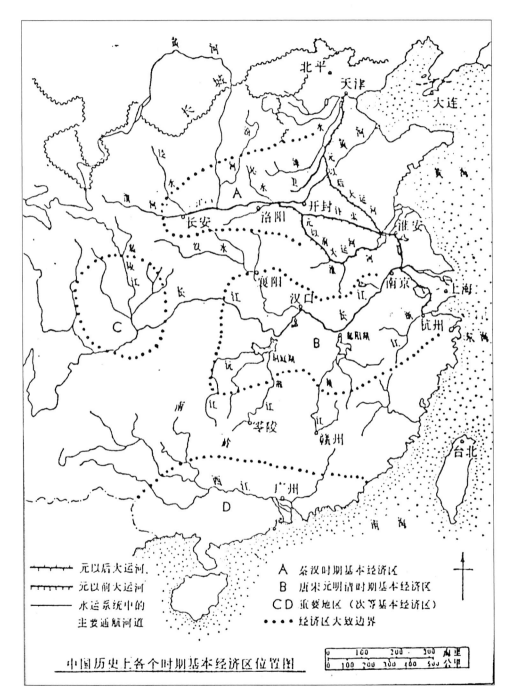

註：本圖採自冀朝鼎，《中國歷史上的基本經濟區與水利事業的發展》，扉頁。

中央，政府開支十九仰仗東南財富。政治中心與基本經濟區距離愈拉愈遠，漕運的重要性日著。隋煬帝開鑿運河，其功用已不單純爲遊樂矣。漢高祖定都關中，即著眼於當地優越的形勢〔註5〕，至漢武帝時，關中糧食已不敷支用，歲漕關東穀四百萬石以接濟關中〔註6〕，後漢之都洛陽，就是以經濟因素爲主要的考量。此後各上軌道的朝代，不論都於何處，其對京畿腹地水利的開發，漕運的整治，均是不遺餘力，隨著經濟重心的東南移，各地水利設施之多寡，亦隨之轉變。（見表一）

　　隋唐定都，主要是政治、國防的考慮。國都爲一國首善之區，人口密度及數量居全國各州之冠〔註7〕，其中皇室的開銷、官員的俸祿、軍隊的食糧衣物、居住人民的生活必需品，在在仰給於關東及江淮，故京師爲一典型消費城市。關中物產，絕不足以供應當地所需，故隋開運河：廣通渠、永濟渠、通濟渠，一向東北、一向東南，轉運當地財賦以養活關中的眾多人口。汴州居黃淮平原之中，又是東南財賦轉京師之集結點，承平時爲漕運重要轉運站，藩鎮割據時爲敵對雙方必爭之地，唐政府必定要控制汴州及通濟渠，纔能保證糧食的供應無缺。汴州的地位不論承平或亂世均有其特殊的重要性，朱溫竟以宣武軍節度使起家，而轉移唐祚，其不都長安、洛陽、以其殘破故也；定都汴州，利其漕運也。趙宋繼起，重文輕武、國勢不振，冗官、冗兵爲國家最大負擔，定都開封，勢之必然，遷都洛陽、長安之構想，終無實現之日。

　　國內學者對唐代藩鎮之研究，王壽南教授最稱專家，對運河之研究，全漢昇教授可謂權威。筆者不揣淺陋，嘗試以宣武軍節度爲中心，從地理、政治、經濟、軍事及其與鄰鎮關係分成若干階段，研究汴州在唐代各時朝之重要性以及唐政府對此區之控制，又朱溫如何以宣武軍崛起篡唐，定都汴州之背景，期有心得，爲學術界略盡棉薄。

〔註5〕班固，《漢書》（北京：中華書局出版，1962年6月第一版），卷四十〈張良傳〉載：「劉敬說上（高祖）都關中，上疑之。……良曰：『……夫關中左殽函，右隴蜀，沃野千里，南有巴蜀之饒，北有胡苑之利，隱三面而固守，獨以一面東制諸侯。諸侯安定，河、胃漕輓天下，西給京師；諸侯有變，順流而下，足以委輸。此所謂金城千里，天府之國。劉敬說是也。』……」

〔註6〕同前註引書，卷二十四上〈食貨上〉，頁1141；卷二十九〈溝洫志〉，頁1679。

〔註7〕大業五年（609）京師戶數有308,499，居全國之冠；貞觀十三年（639）京師戶數有207,650，口數有923,320；天寶元年（742）京師戶數有362,921，口數有1,960,188；元和年間（806～820）京師有戶數241,202，均是佔全國第一位。見梁方仲，《中國歷代戶口、田地、田賦統計》（上海：上海人民出版社，1980年8月第一版），頁73～114。

表一：中國治水活動的歷史發展與地理分布的統計表

朝代\省	春秋 (公元前722 ~公元前481)	戰國 (公元前481 ~公元前255)	秦 (公元前255 ~公元前206)	漢 (公元前206~220)	三國 (220~265)	晉 (265~420)	南北朝 (420~589)	隋 (589~618)	唐 (618~907)	五代 (907~960)
陝西	…	…	1	18	2	…	…	9	32	4
河南	1	3	…	19	10	4	…	4	11	…
山西	1	…	…	4	1	1	1	3	32	…
直隸（河北）	…	…	…	5	1	2	3	1	24	…
甘肅	…	…	…	1	1	…	…	…	4	…
四川	…	1	…	…	1	…	…	…	15	1
江蘇	3	2	…	1	3	2	8	1	18	…
安徽	1	…	…	1	3	…	4	1	12	…
浙江	…	2	…	4	2	3	2	2	44	1
江西	…	…	…	1	…	1	1	…	20	1
福建	…	…	…	…	…	2	…	4	29	…
廣東	…	…	…	…	…	…	…	…	…	…
湖北	…	…	…	…	…	1	…	…	4	4
湖南	…	…	…	1	…	…	…	2	7	2
雲南	…	…	…	1	…	…	1	…	1	…
各朝代合計	6	8	1	56	24	16	20	27	254	13

（續上頁表）

省\朝代	北宋 (960~1127)	南宋 (1127~1280)	宋 (雜史資料)	宋朝整個小計	金 (1115~1260)	元 (1280~1368)	明 (1368~1644)	清 (1644~1911)	各省合計	地方志發行年次
陝西	12	4	4	20	4	12	48	38	208	1735
河南	7	…	4	11	2	4	24	843*	947	1767
山西	25	…	…	25	14	29*	97*	156*	389	1734
直棣 (河北)	20	…	…	20	4	11	228	542	886	1884
甘肅	2	…	…	2	…	2	19	19	50	1736
四川	…	4	1	5	…	1	5	19	53	1815
江蘇	43	74	31	117	…	28	234	62	595	1736
安徽	7	9	2	16	…	2	30	41	127	1877
浙江	86	185	31	302	…	87	480	175	1406	1736
江西	18	36	2	56	…	13	287	222	658	1732
福建	45	63	294	402	…	24	212	219	1294	1754
廣東	16	24	4	44	…	35	302	165	536	1822
湖北	4	14	3	21	…	6	143	528	728	1921
湖南	5	…	…	2	…	3	51	183	209	1885
雲南	…	…	…	…	…	7	110	292	412	1736
各朝代合計	290	543	363	1110	24	309	2270	3234		

註：本表採自冀朝鼎，《中國歷史上的基本經濟區與水利事業的發展》，頁 36。

第二章　宣武軍節度使的地理與人文

第一節　地理形勢

　　宣武軍節度使之名始於德宗建中二年（781），原領宋（治所在今河南商丘縣治南）、亳（治所在今安徽亳縣治）、穎（治所在今安徽阜陽縣治）三州，治宋州。興元元年（784）宣武軍節度使徙治汴州（治所在今河南開封縣治），合前領三州，仍稱宣武軍節度使，此後至唐亡，宣武、汴宋之稱雜見諸書，然其轄州及節度使治地則未見更易。〔註1〕（見圖二）

　　宣武節度使所領州縣，據《元和郡縣圖志》載，領州四，縣二十八。汴州管縣有六，曰：開封（今開封縣南五十里）、浚儀（今開封縣治）、陳留（今開封縣治南五十里）、雍邱（河南杞縣治）、封邱（今河南封丘縣治）、尉氏（今河南尉氏縣治）；宋州管縣有十，曰：宋城（河南商丘縣治南）、碭山（今江蘇碭山縣治東三里）、虞城（河南虞城縣治西南）、楚邱（山東曹縣治東南）、柘城（河南柘城縣治北）、穀熟（河南商丘縣治東南四十里）、下邑（河南夏邑縣治）、單父（山東單縣治）、襄邑（河南睢縣治）、甯陵（河南寧陵縣治南）；亳州管縣有八，曰：譙縣（安徽亳縣治）、臨渙（安徽宿縣西南九十里）、酇縣（河南永城縣西）、城父（安徽亳縣治東南）、鹿邑（河南鹿邑縣西六十里）、蒙城（安徽蒙城縣治）、永城（河南永城縣治）、眞源（河南鹿邑縣東十里）；

〔註 1〕 見歐陽修、宋祁，《新唐書》（台北：鼎文書局，民國 70 年元月三版），卷六十五〈方鎮表二〉，頁 1795～1829；吳廷燮，《唐方鎮年表》，收入二十五史刊行委員會編，《二十五史補編》（台北：台灣開明書店，民國 48 年 6 月台一版），頁 7316～7322。《元和郡縣圖志》即稱汴宋節度使。

圖二：宣武軍節度使轄區圖

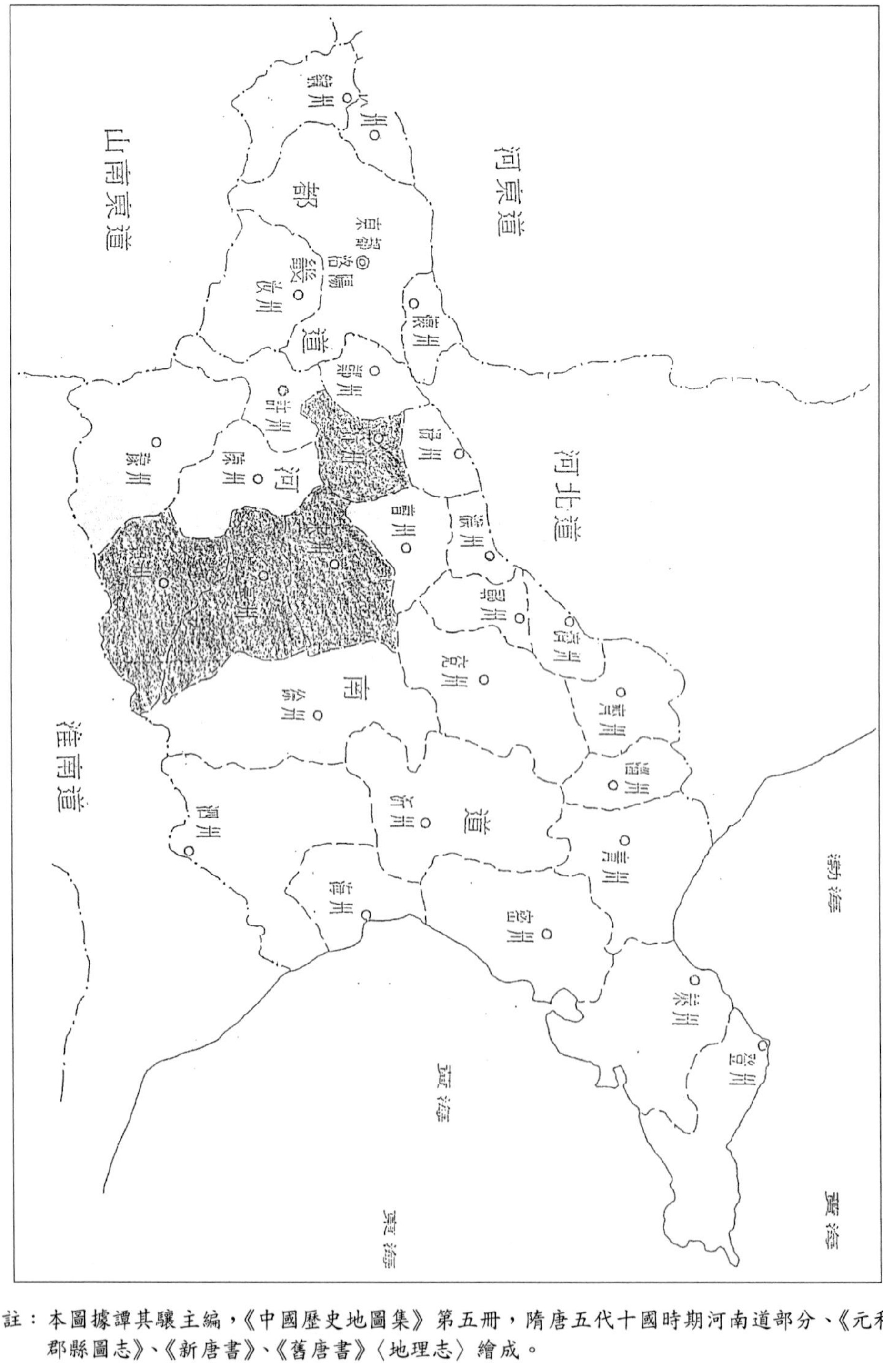

註：本圖據譚其驤主編，《中國歷史地圖集》第五冊，隋唐五代十國時期河南道部分、《元和郡縣圖志》、《新唐書》、《舊唐書》〈地理志〉繪成。

潁州管縣有四，曰：汝陰（安徽合肥縣治）、沈邱（安徽臨泉縣治）、潁上（安徽潁上縣治）、下蔡（安徽鳳台縣治）。以今日地圖對照，宣武節度之轄區主要爲河南東南部與安徽淮水以北之地（見圖三），亦即位居黃河、淮河與山東丘陵、豫西山地之間，呈東南西北走向的低淺平原，因其地勢平緩，水道交織，自古即爲關中通往江淮的交通要道。〔註2〕（見圖四）

宣武軍節度使轄區，大部分屬禹貢所稱豫州之域。春秋時，鄭、杞、曹、宋、陳、蔡諸國分布於此〔註3〕。三家分晉，魏都安邑（今陝西夏縣、安邑縣之地），魏承晉業，稱霸中原，嗣後秦崛起西方，頻頻東出攻城掠地，魏惠王三十一年（西元前 339 年），因畏秦之逼，徙都大梁（河南浚儀縣），至魏王假三年（西元前 115 年），秦將王賁攻魏，引河水灌大梁，滅魏，大梁爲魏都共一一五年。〔註4〕

戰國時秦的強盜，引起東方諸國的恐慌，遂有合縱連橫之局，魏地與秦接壤，遂爲談判之籌碼。張儀對魏哀王，說出大梁形勢曰：

> 魏地方不至千里，卒不過三十萬人。地四平，諸侯四通，條達輻湊，無有名山大川之阻。從鄭至梁，不過百里；從陳至梁，二百餘里。馬馳人趨，不待倦而至梁。南與楚境，西與韓境，北與趙境，東與齊境，卒戍四方，守亭障者參列。粟糧漕庚，不下十萬。魏之地勢，故戰場也。……〔註5〕

千餘年後，至唐藩鎮割據時代，其地勢未變。即地勢平坦，無險可守，交通發達，人口眾多，爲唐代通濟渠漕運必經之區，爲藩鎮覬覦之的。

宣武軍節度使轄區爲一低淺平原，全區地勢平坦，東西兩鄰之山東丘陵與豫西山地，地勢不算高峻，山東丘陵最高峰泰山標高 1,545 公尺；豫西山地

〔註2〕 見《新唐書》，卷三十八〈地理二〉，頁 987～990；劉昫，《舊唐書》（台北：鼎文書局，民國 70 年 1 月三版），卷三十八〈地理一〉，頁 1432～1440。《舊唐書》〈地理志〉載臨渙縣爲亳州所管，而《新唐書》列入宿州所轄，其改屬宿州在元和九年，《元和郡縣圖志》所載與《舊唐書》同，因州縣之分併頗有變更，今悉以元和志所載爲準。

〔註3〕 見司馬遷，《史記》（北京：中華書局，1959 年 9 月第一版），卷三十五〈管蔡世家〉，頁 1564～1565、1570；卷三十六〈陳杞世家〉，頁 1575、1583；卷三十八〈宋微子世家〉，頁 1621；卷四十二〈鄭世家〉，頁 1757。

〔註4〕 見《史記》，卷四十四〈魏世家〉，頁 1847；同書，卷六〈秦始皇本紀〉，頁 234。

〔註5〕 見劉向集錄，《戰國策》（台北：九思出版有限公司，民國 67 年 11 月台一版），卷二十二〈魏一〉，張儀爲秦連橫說魏王，頁 792。

圖三：宣武軍節度使所轄州縣圖

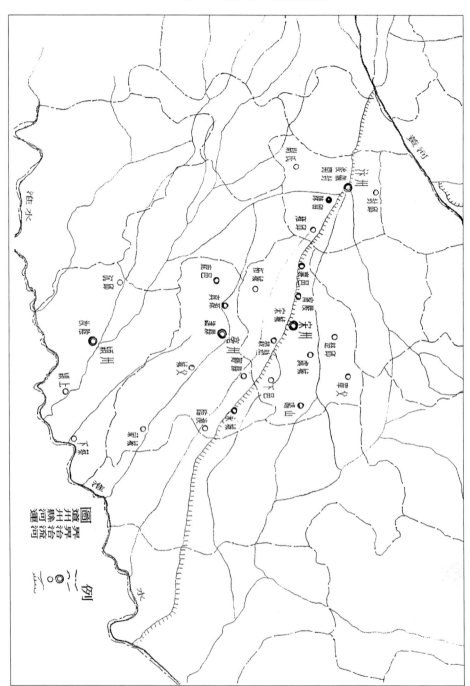

註：本圖據譚其驤主編，《中國歷史地圖集》第五冊，隋唐五代十國時期河南道部分、《元和
　　郡縣圖志》、《新唐書》、《舊唐書》〈地理志〉繪成。

圖四：宣武軍節度使區與周邊地理形勢圖

註：本圖據譚其驤主編，《中國歷史地圖集》第五冊，隋唐五代十國時期河南道部分、《元和郡縣圖志》、李鹿苹、黃新南編繪，《最新中國區域地圖》繪成。

平均高度較高，伏牛山主峰彲池曼山則有 2,084 公尺，中嶽嵩山亦有 2,000 公尺（見圖五）。因地形西北高而東南低，故本區河川除淮河本流沿淮陽山脈北麓曲折東流外，淮河其他支流如汝水（洪河）、潁水（潁河）、潩水（潩河）、渦水（渦河）、睢水（睢河）、澳水（澮河）、汴水等均由西北流向東南注入淮河。〔註6〕

圖五：宣武軍節度使轄區地形東西向剖面示意圖

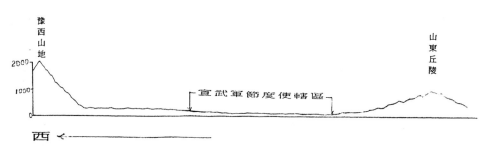

註：本圖據譚其驤主編，《中國歷史地圖集》第五冊，隋唐五代十國時期河南道部分、《元和郡縣圖志》、李鹿苹、黃新南編繪，《最新中國區域地圖》繪成。

本區北鄰的黃河，為我國第二大河川，源自青海，流經黃土高原，河水沖刷黃土，故黃河含沙量之高，居世界第一位。黃河自孟津以下坡度陡降，流速驟減，河床泥沙愈積愈高，孟津以下，廣武以上，尚南有洛水，北有沁心注入，廣武以下已少見支流加入，故黃河下游兩岸，不但不是眾水匯聚之所，反而成為黃淮平原上的分水帶，呈現河在地上行的特殊景觀，一遇兩季，即易氾濫成災〔註7〕（見圖六、圖七），故戰國時魏公子無忌謂魏王曰：「……決熒（滎）澤水灌大梁，大梁必亡。」〔註8〕

〔註6〕 參見王益厓編著，《中國地理》（台北：正中書局，民國 70 年 4 月台十九版），頁 551～556。

〔註7〕 見劉鴻喜，《中國地理》（台北：五南圖書出版公司，民國 73 年 11 月初版），第四篇第十三章〈黃淮平原〉，頁 316～317；另元‧王喜，《治河圖略》（台北：藝文印書館據清嘉慶張海鵬輯刊墨海金壺影印，百部叢書集成之四十七，第三函），第四葉亦云：「臣謹案：漢河自孟津底柱以上，河行地中無所變遷，自大伾以下，河高於地，易於泛濫。」有關含沙量之多寡，民國初年開始，華北水利委員會曾作過測量，黃河各段及各月份之含沙量均有不同（見宋希尚，《水利論叢》，〈黃河水文篇〉，頁 57～61）。另參見王益厓編著，《水文地理學》（台北：正中書局，民國 67 年 8 月台三版），第四篇第五章〈河川的流水型‧黃河〉，頁 439～442。

〔註8〕 見《史記》，卷四十四〈魏世家〉，頁 1858。以水灌敵國國都亦曾見於三家分

圖六：宣武軍節度使轄區地形南北向剖面示意圖

註：本圖據譚其驤主編，《中國歷史地圖集》第五冊，隋唐五代十國時期河南道部分、《元和郡縣圖志》、李鹿芊、黃新南編繪，《最新中國區域地圖》繪成。

圖七：開封附近的黃河剖面圖

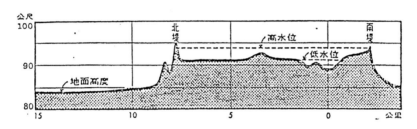

註：本圖採自劉鴻喜，《中國地理》，頁 317。

黃河含沙量高，善淤，善徙，流量變異大，歷代河患層出不窮〔註9〕，河

晉之時，同書，同卷，頁 1855 載中旗答秦昭王話：「……當晉六卿之時，知氏最彊，滅范、中行，又率韓、魏之兵以圍趙襄子於晉陽，決晉水以灌晉陽之城，不湛者三版。知伯行水，魏桓子御，韓康子為參乘。知伯曰：『吾始不知水之可以亡人之國也，乃今知之。』汾水可以灌安邑，絳水可以灌平陽。魏桓子肘韓康子，韓康子履魏桓子，肘足接於車上，而知氏地分，身死國亡，為天下笑。……」

〔註9〕黃河水患，史不絕書，唐代黃河雖不曾鬧過大遷徙，但當時氣候屬暖濕期，河患亦屢見不鮮。今據有關書籍記載將唐代自潼關以下之河患列之於下，俾供參考。（古書中「河」字或用作通名，無地名可考者不採）

貞觀十一年（637）九月，黃河泛溢，壞陝州河北縣（今平陸東北）及太原倉，毀河陽（今孟縣西）中潬。（《舊唐書》，卷三十七，頁 1352）

永徽六年（655）十月，齊州（治歷城）黃河溢。（《新唐書》，卷三，頁 56）

永淳二年（683）七月己巳，河水溢，壞河陽城，水面高於城內五尺，北至鹽坎，居人廬舍漂沒皆盡，南北並壞。（《舊唐書》，卷五，頁 111）

如意元年（692）八月甲戌，河溢，壞河陽縣。（《新唐書》，卷四，頁 93）

長壽二年（693）五月，棣州（治厭次）河溢，壞民居二千餘家。（《新唐書》，卷三十六，頁 929）

聖曆二年（699）秋，黃河溢。（《新唐書》，卷四，頁 100）

道下游常見遷徙﹝註10﹞（見圖八、圖九），因此區爲我國主要農產區，一遭河患對國計民生均造成重大影響，故歷代政府對於河防河工均視爲大政之一，即如唐代黃河下游之藩鎮亦不得不對黃河加以整治﹝註11﹞。隋開鑿之通濟渠、永濟渠其目的雖不以民生爲第一考量，卻不期然產生了間接治河的功效。﹝註12﹞

開元十年（722）六月，博州（治聊城）、棣州河決。（《新唐書》，卷三十六，頁931）

開元十四年（726）八月丙午，河決魏州（《新唐書》，卷五，頁132）；河及支川皆溢，懷、衛、鄭、滑、汴、濮人或巢或舟以居，死者千計。（《新唐書》，卷三十六，頁931）

天寶十三年（754），濟州爲河所陷沒。（《元和志》，卷十，頁159。濟州，今荏平縣西南）

大曆十二年（777）秋，河溢。（《新唐書》，卷六，頁179）

建中元年（780）冬，黃河溢。（《新唐書》，卷七，頁185）

元和八年（813），以河溢浸滑州羊馬城之半（滑州，今滑縣東二十里），滑州薛平、魏博田弘正徵役萬人，於黎陽界開古黃河道（黎陽，今濬縣東北），南北長十四里，東西闊六十步，深一丈七尺，決舊河水勢，滑人遂無水患。（《舊唐書》，卷十五，頁448）

大和二年（828）夏，河溢，壞棣州城。（《新唐書》，卷八，頁231）

開成三年（838）夏，河決，浸鄭滑外城。（《新唐書》，卷三十六，頁934）

咸通中（約864～867），蕭倣充義成軍節度使，在鎮四年，滑臨黃河，頻年水潦，河流泛溢，壞西北隄，倣奏移河四里，兩月畢功。（《舊唐書》，卷一七二〈蕭倣傳〉，頁4482）

咸通十年（869）四月，詔監軍楊玄價與康承訓商量，拔（決？）汴河水以灌宿州。（《舊唐書》，卷十九上，頁667）

大順二年（891）二月，河陽河溢。（《舊唐書》，卷二十上，頁745）

乾寧三年（900）四月，河圯於滑州，朱全忠決其堤，因爲二河，散漫千餘里。（《新唐書》，卷三十六，頁935）

﹝註10﹞黃河多沙善徙，隋唐時黃河之經行，根據《元和郡縣圖志》與《太平寰宇記》之記載從滎澤縣起，向東分別爲原武、陽武、新鄉、汲、酸棗、靈昌、白馬、臨河、濮陽、清豐、頓丘、鄄城、臨黃、朝城、武水、陽穀、聊城、高唐、平陰、平原、安德、長清、禹城、臨邑、滴河、臨濟、鄒平、厭次、蒲臺等縣而入海。

﹝註11﹞見《舊唐書》，卷十五〈憲宗本紀〉，頁448；同書，卷一二四〈薛平傳〉，頁3526；同書，卷一七二〈蕭倣傳〉，頁4482。

﹝註12﹞岑仲勉云：「煬帝浚通濟、永濟兩渠，目的固止在自己的遊樂，自己的享受，但因是而河南地面，當黃河暴漲季節，得以向南、向北分淺了若干洪水，減少了下游一些危險，這是對於治河有利的第一點。黃河所以潰決的主要原因不外兩項：（一）暴漲而地不能容；（二）勢急而去路不暢。黃河是著名挾沙最多的水系，根於種種障礙，隨時隨地把它的泥沙遺下，結果遂致河道埋

圖八：黃河六大變遷圖

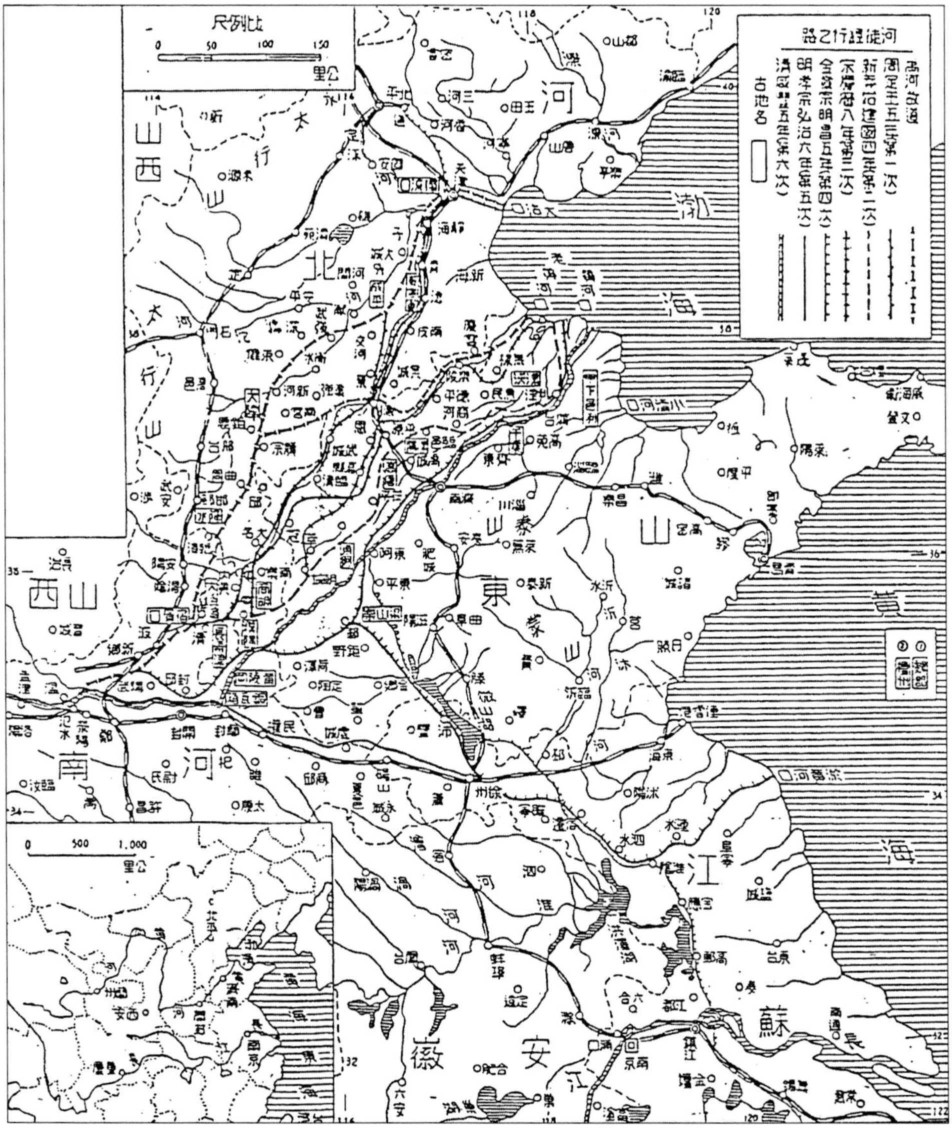

註：本圖採自申丙，《黃河通考》，頁13。

塞。……通濟和沁水在河南地面分流，總帶去泥沙不少，下游減一分淤澱，反過來說，即河水多一分暢通，無形中消滅了多少潰決的危險，這是對於治河有利的第二點。」見氏著，《黃河變遷史》（台北：里仁書局，民國71年1月出版），頁313～314。

圖九：唐代黃河下游之經行圖

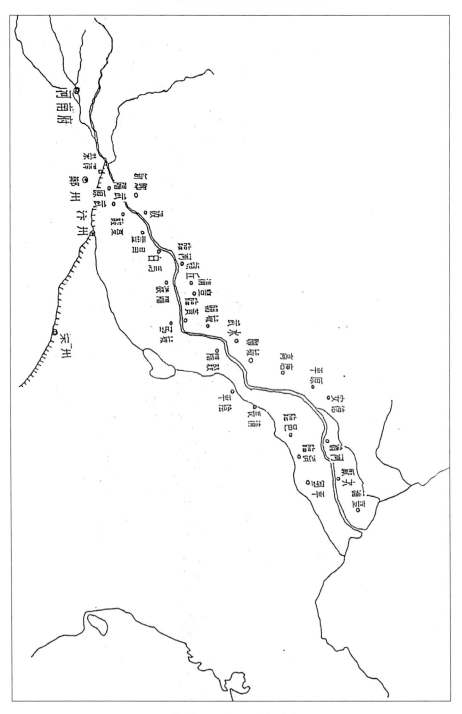

註：據《元和郡縣圖志》繪成。

　　本區最重要的河流厥爲通濟渠，此渠開於隨煬帝大業元年（605）三月，同年八月完工，煬帝乘龍舟幸江都〔註13〕，雖其目的在遊幸，但對唐代的影響卻是極其深遠，皮日休詩言：「盡道隋亡爲此河，至今千里賴通波，若無水殿龍舟事，共禹論功不較多。」〔註14〕可爲確論。

　　本區除前述重要河流外，尚有許多渠道陂塘，或爲漕運，或爲灌溉（見表二），使得宣武軍節度區成爲交通要衝，亦爲主要糧產區之一。

表二：唐代宣武軍節度使轄區渠道陂塘分布表

名　稱	年　代	性質	開　鑿　者	用途	面積	屬縣	出　　　處
湛　　渠	載初元年	新開	不明	漕運		開封	《新唐書・地理志》
觀省陂	貞觀十年	新開	縣令劉雅	灌漑	百　頃	陳留	《新唐書・地理志》
椒陂塘	永徽中	新開	潁州刺史柳寶積	灌漑	二百頃	汝陰	《新唐書・地理志》
大崇陂	唐　初	舊有	不明	灌漑	數百頃	下蔡	《新唐書・地理志》
雞　　陂	唐　初	舊有	不明	灌漑	數百頃	下蔡	《新唐書・地理志》
黃　　陂	唐　初	舊有	不明	灌漑	數百頃	下蔡	《新唐書・地理志》
湄　　陂	唐　初	舊有	不明	灌漑	數百頃	下蔡	《新唐書・地理志》

第二節　氣候與物產

　　氣候的變化與生態環境息息相關。秦嶺與淮河是中國氣候上的大分界線。中國最冷月平均溫度（一月）攝氏零度等溫線和年平均雨量七百五十公厘等雨量線，大致與秦嶺淮河聯線相一致。本區界於黃河與淮水之間，地勢平坦，氣流南北通行無阻，冬季受蒙古高氣壓影響，一月平均溫度在攝氏零度左右，夏季受季風吹拂，天氣炎熱，七月平均溫度約在攝氏二十八度左右〔註15〕（見表三）。本區年平均溫度在攝氏十四至十六度之間，可稱爲夏季高

〔註13〕見魏徵，《隋書》（北京：中華書局，1973年8月第一版），卷三〈煬帝本紀〉，頁63～65。
〔註14〕見李昉等，《文苑英華》（台北：華文書局，民國54年5月出版），卷三〇八，詩一五八，悲悼八，皮日休，〈汴河懷古二首〉之二，頁1931。
〔註15〕見劉鴻喜，《中國地理》（台北：五南圖書出版公司，民國73年11月初版），頁308～310。

溫濕潤的大陸性氣候。〔註16〕

表三：黃淮平原的氣溫和雨量

（單位：攝氏、公厘）

地點 \ 項目 \ 月份	1月	2月	3月	4月	5月	6月	7月	8月	9月	10月	11月	12月	年溫差（年雨量）
徐州 34°17' 4公尺 氣溫	-0.9	1.6	7.7	13.7	20.2	25.6	28.2	26.8	22.0	15.7	8.2	2.0	29.1
雨量	16	17	23	58	42	102	122	140	76	23	23	33	675
開封 34°48' 115公尺 氣溫	-0.5	2.2	8.1	15.5	21.8	27.5	28.8	26.4	21.3	15.8	8.5	1.5	29.3
雨量	8	11	16	24	36	45	173	102	57	16	10	14	512

註：本表採自劉鴻喜，《中國地理》，頁313。

　　農業生產與雨量、溫度、土壤有密切關係。本區約在北緯三十五度至三十二度半之間，雨量分布南北不一，南部濱淮河區，年雨量達七百五十公厘，北部汴州則降至五百公厘左右；在本區東部由於山東丘陵橫亙於東側，使得夏季季風及水氣的吹入相對減少，更重要的是暖濕氣流越過泰山山地後，在黃淮平原中部產生沈降增溫現象，因而使得夏季降水的機會更形減少，故本區東部之年降雨量有低於五百公厘以下者〔註17〕。以年雨量言，本區屬濕潤地區，但因受季風氣候影響，年平均降雨量變率達 25～30%，其原因為（一）冬季近高壓中心，夏季近季風到達的邊緣，季風年有強弱，復多變化；（二）雨量偶有缺乏，即成旱災。（三）下游係廣大平原，河道多淤，水量一多，即易泛濫潰決，故水災亦多〔註18〕（見圖十）。唐代黃河泛濫有確實記載的有十八次，平均約十六年左右泛濫一次，年泛濫比例為 0.06%，頻率不算高，即便加上其他小規模泛溢，史書未記載者，其百分比應不致超出太多，故唐時此區是重要的農產區。

　　土壤的構成有五大因素：成土母質、氣候、生物、地形、時間，其中以氣候為成土作用的主要因素。「原來岩石中複雜之矽酸鹽類，因土壤水中的碳酸作用，而成為碳酸鹽，如斯所成的碳酸鈣與碳酸鎂等，在濕潤地區上，每

〔註16〕見王益厓，《中國地理》，頁 160～161。
〔註17〕同註15，頁 310。
〔註18〕同註15，頁 135～136。

因雨水滲漏而遭淋溶，但在乾燥地區，常因雨水不足，殘留於土壤之中，故鈣層土是乾旱地區與半乾旱地區的主要土壤。」〔註 19〕中國的鈣層土，概分布於北緯三十三度以北，換言之，秦嶺、淮河就是中國鈣層土分布的南界。本區土壤均屬鈣層土，但因河流眾多，又居黃泛區之南，土壤別具有沖積土的特色。鈣層土肥沃，適合種植小麥高梁，沖積土因成土時間不足，又因耕種較久，原生植物均被破壞，故無顯著剖面發育，以沖積幼年土為主。地勢低窪，排水不良之地，則為鹽漬土。〔註20〕

圖十：黃河陝縣水文站水位流量曲線圖

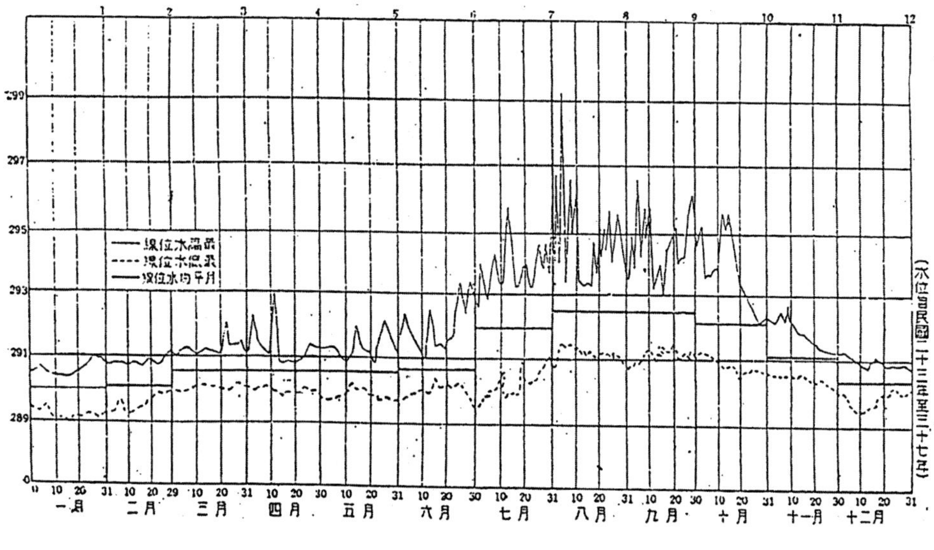

註：本圖採自王益厓，《水文地理學》，頁441。

　　根據竺可楨、劉昭民的研究，唐代的氣候，在歷代氣候變遷中是屬於暖濕期的，當時長安、洛陽的溫度比現在高出攝氏一度〔註21〕。氣溫升高，雨量充沛，無霜期縮短，生產區北移，植物相亦隨之北移。唐代前期河南北為

〔註19〕同註 15，頁 190～191。
〔註20〕見張其昀，《中國之自然環境》（台北：中華文化出版事業委員會出版，民國44 年 12 月初版），頁 145。另見陳正祥，〈黃土、黃土高原和黃河〉，收入氏著《中國文化地理》（台北：龍田出版社，民國71 年 4 月），頁 135～156。
〔註21〕劉昭民，《中國歷史上氣候之變遷》（台北：台灣商務印書館，民國 71 年 3 月初版），頁 84～94 載，唐代係屬暖濕氣候時期，雨災特多，長安、洛陽地區之氣溫約比現在高攝氏一度。另見竺可楨，〈中國歷史上氣候之變遷〉，《東方雜誌》第二十二卷第三號（民國 14 年），頁 84～99。

全國財賦重心，是有其地理基礎的。

唐初行均田制，租稅則爲租庸調制，《新唐書·食貨志》載：

> 凡授田者，丁歲輸粟二斛，稻三斛，謂之租。丁隨鄉所出，歲輸絹
> 二匹，綾、絁二丈，布加五之一，綿三兩，麻三斤，非蠶鄉則輸銀
> 十四兩，謂之調。用人之力，歲二十日，閏加二日，不役者日爲絹
> 三尺，謂之庸。有事而加役二十五日免調，三十日者租、調皆免。
> 通役不過五十日。〔註22〕

從先秦到隋唐初期，中國的經濟重心仍在華北，當地氣候土壤適合穀類（粟）
生長，粟米之征就成爲歷代徵稅的標準。南朝的疆域大致上在長江以南，其
氣候、土質宜稻，南朝之租稅自以稻爲主。隋唐統一以後，雖規定以粟納租，
亦有彈性原則，《唐六典》，卷三載：「鄉土無粟，聽納雜種充。」〔註23〕《通
典》，卷六亦載：「諸租，准州土收獲早晚，……本州收獲訖發遣，十一月起
輸，正月三十日內納畢。其餘輸本州者，十二月三十日內納畢。若無粟之鄉，
輸稻、麥，隨熟即輸。」〔註24〕由上知，唐代不僅粟，稻麥亦爲徵稅之標的
物。至安史亂後，河北藩鎮賦稅不入中央，政府對江淮稻米之倚重，日甚一
日，稻米自爲稅收之大宗。

前已述及隋唐時代氣候屬暖濕期，許多性喜暖濕的植物在河南北常見栽
培。如桑樹，黃河南北均大量栽種，絲絹更是政府賦稅收入要項（見表四）。
至開元二十五年（737），以「關中蠶桑少，菽粟常賤，乃命庸調，資課皆以
米，凶年樂輸布者亦從之。河南、北不通漕州，租皆爲絹，代關中庸、課，
詔度支減轉運。」〔註25〕至於宣武軍統州之土貢，汴、宋、亳三州爲絹，潁
州爲紬、絁、綿〔註26〕。唐代租賦以實物爲主，此地物產豐饒，「天下擅膏腴

〔註22〕見《新唐書》，卷五十一〈食貨一〉，頁 1342～1343。引文中所謂「丁歲輸粟
二斛，稻三斛，謂之租。」歷有爭論。張澤咸，《唐五代賦役史草》（北京：
中華書局，1986 年 10 月第一版），頁 9～12 中予以釐清，認爲「租粟二石稅
糧理應折收稻穀三石。」「如果把『新唐書』輸粟、稻的記載理解爲每丁兼輸
粟、稻，那自然是欠妥的。」

〔註23〕李隆基敕撰，《大唐六典》（台北：文海出版社，民國 63 年 6 月四版），卷三，
頁 77。

〔註24〕杜佑，《通典》（台北：台灣商務印書館，民國 76 年 12 月台一版），卷六〈食
貨六〉，頁 33 下。

〔註25〕《新唐書》，卷五十一〈食貨一〉，頁 1346。

〔註26〕《新唐書》，卷三十八〈地理二〉，頁 987～990。

之地」〔註27〕，又居漕運之要衝，遂爲兵家必爭之地。

表四：唐代黃河南北諸道賦貢表

道　名	賦	貢	資 料 來 源
河南道	絹絁綿布	絲布、葛、席、埏埴盎缶	《新唐書・地理志》
河北道	絲絹綿	羅、綾、紬、紗、鳳翮葦席	《新唐書・地理志》
河東道	布　襺	布、席、豹尾、麈鞞、鶡羽	《新唐書・地理志》
關內道	絹綿布麻	毛、羽、革、角、布、麻、弓、刀	《新唐書・地理志》
山南道	絹布綿紬	金、絲、紵、漆	《新唐書・地理志》

第三節　水陸交通

　　本區地勢低平，水道交織，自古即爲四戰之地、交通要道。楚漢之際，酈生謂漢王曰：「夫陳留，天下之衝，四通五達之郊也。」〔註28〕西晉時王濬伐吳，杜預給他的信說：「自江入淮，逾於泗、汴，自河而上，振旅還都，亦曠世一事也。」〔註29〕桓溫北伐，「以譙、梁水道既通，請徐、豫兵乘淮、泗入河。」〔註30〕符堅南侵，「運漕萬艘，自河入石門，達于汝、潁。」〔註31〕劉裕伐魏，大軍入河，自河浮渭，既取長安，又自洛入河，開汴渠以歸彭城〔註32〕。這些事實均顯示出河、汴、淮的交通，在那時成爲南北戰爭轉餉的大動脈。淮河北岸支流均源遠而流長，加上地勢平緩，水流穩定，流至宣武軍轄區，已成下游，常年可通州楫。其中最重要者厥爲通濟渠。

　　通濟渠即唐宋的汴河。這條運河是從板渚（今河南滎陽廣武山以北）引黃河水，注入淮水。《隋書》，卷三〈煬帝紀〉載：「大業元年三月辛亥，發河

〔註27〕見宋綬、宋敏求，《唐大詔令集》（台北：鼎文書局，民國67年4月再版），卷三十四，諸王，冊文，冊汴王邕文，頁143～144。

〔註28〕見《史記》，卷九十七〈酈生陸賈列傳〉，頁2693。

〔註29〕見房玄齡等，《晉書》（北京：中華書局，1974年11月第一版），卷四十二〈王濬傳〉，頁1210。

〔註30〕見《晉書》，卷九十八〈桓溫傳〉，頁2572。

〔註31〕見《晉書》，卷一一四，〈載紀〉第十四，符堅下，頁2917。

〔註32〕見沈約，《宋書》（北京：中華書局，1974年10月第一版），卷二〈武帝本紀〉，頁42～44。

南諸郡男女百餘萬,開通濟渠,自西苑引穀、洛水達于河,自板渚引河通于淮。」〔註33〕同書,卷二十四〈食貨志〉亦載:「開渠,引穀、洛水,自苑西入,而東注于洛。又自板渚引河,達于淮海,謂之御河。河畔築御道,樹以柳。」〔註34〕據上記載知,通濟渠開鑿於大業元年(605)三月,全渠分為三段:西段起自東都洛陽西苑,引穀水、洛水,東循陽渠故道由洛水注入黃河;中段自洛口到板渚,是利用黃河的自然河流;東段起自板渚,引黃河水走汴渠故道,注入淮水〔註35〕。但是東段運河所納自然河流及其流經城市,前引《隋書》文中並未指明,《元和郡縣圖志》有關汴渠之記載云:「隋煬帝大業元年更令開導,名通濟渠,自洛陽西苑引穀、洛水達於河,自板渚引河入汴口,又從大梁之東引汴水入於泗,達於淮,自江都宮入於海。」〔註36〕汴口即汴口堰,在河陰縣西二十里,又名梁公堰,隋文帝開皇七年(587)使梁睿增築漢古堰,遏河入汴也〔註37〕。汴水分自黃河,是利用黃河沖積扇東南側的天然河道整治而成。汴水東流,經陳留、雍邱、襄邑、寧陵、考城、宋城、商丘、虞城、碭山、蕭縣,到徐州東北匯入泗水,簡單的說,通濟渠東段所經的路線是引黃河水循汴水故道入於泗水,注入淮河〔註38〕。《輿地廣記》,卷五〈開封府〉,開封縣條云:「有汴河,蓋古莨蕩渠也,首受黃河水,隋煬帝開浚,以通江淮漕運,兼引汴水,亦曰通濟渠。」〔註39〕據此,汴水即通濟渠,此即學術界所謂的「由泗入淮」說。

　　另岑仲勉〔註40〕、馬正林〔註41〕則認為隋煬帝開鑿的通濟渠是採取比較

〔註33〕 見魏徵等,《隋書》(北京:中華書局,1973 年 8 月第一版),卷三〈煬帝上〉,頁 63。

〔註34〕 同前註引書,卷二十四〈食貨志〉,頁 686。

〔註35〕 參見潘鏞,《隋唐時期的運河和漕運》(西安:三秦出版社,1987 年版),頁 29。

〔註36〕 見《元和郡縣圖志》,卷五〈河南道一〉,汴渠條,頁 96。

〔註37〕 同註 36。

〔註38〕 同註 35 引書,頁 30。

〔註39〕 見歐陽忞,《輿地廣記》(台北:文海出版社據曝書亭藏宋刻初本吳門士禮居重雕本影印),卷五〈開封府〉,開封縣,頁 76。

〔註40〕 岑仲勉,《黃河變遷史》,頁 301 云:「在結束辯論之前,我還須提出應注意的兩點:第一、渙、蘄、渒(今沱河)三水本來互相交流,渒在蘄縣由蘄水分出,到了虹城又注入渙水,通濟渠的流程很難保無一段侵入澮河,『永城志』的話,我們不能完全否定。第二、黃河南徙以後,大搗亂子,現在所見的淮系水道,或迴非故迹,或名存實亡,正如『水道編』所說:『汴河……今惟宿、靈、泗三縣間尚有隋隄故迹,泗縣東境之汴河亦僅存碩果』,我們如果只憑今

─22─

直的航線，即直接由汴水經商丘東南流入淮水的，即不先會泗水。馬先生認
爲：通濟渠的渠首是在汜水（今汜水鎮）東北三十五里的板渚（今已在黃河
北岸），東距西漢汴渠口尚有十五里。在板渚與浚儀（今開封）之間，大致利
用兩漢汴渠和秦始皇二十年（西元前 227 年）王賁灌大梁時所開鑿的梁溝
（亦稱汳水或蒗蕩渠）。梁溝經開封城南，通濟渠就是在開封西南引汴渠折向
東南，與一直東去會泗的汴渠分離。根據《元和郡縣圖志》、《來南錄》的記
載，與汴渠分離後的通濟渠，經陳留（今鎮）、雍丘（今杞縣）、襄邑（今睢
縣）、甯陵，宋城（今商丘縣）、穀熟（今商丘縣東南）、永城、臨渙（今永城
東南）、甬橋（今宿州市）、虹縣（今泗縣），至泗州（今盱眙北洪澤湖中）而
注入淮河。唐李翱於元和四年（809）從洛陽出發，乘船由洛入河，由河入
汴，由汴入淮，走完了汴河的全程，其提到汴河岸上的地名有汴梁口、陳
留、雍丘、宋州、永城、甬橋、泗州，然後「下汴入淮」，「轉淮上河入揚
州」〔註42〕。這是李翱的親身經歷，按理說是可信的。《元和郡縣圖志》的成

行水道以定隋、唐歷程，就會十分危險。」「由是，我們確知通濟渠的下游係
與古汴水分流，大業設計的人員爲減少迂迴起見，在宋城附近將汴水通過睢
水而接入蘄水，同時，結合煬帝的好大喜功，特改通濟的新名。不過首受河
的地方原是『汴口』，下游雖已變質，而汴名久著，土俗因相沿稱作汴渠，如
程大昌所說，『據其上游，可以該泲其下』了。」「話更回頭，青山定男以爲
通濟渠不是引汴入泗，理由相當充足。然而依李翱的行記，過盱眙後還要東
北繞至楚州，又據『水經注』三，淮水至淮陰（今同名）西而合泗，淮、泗
相通，也未嘗不可說引汴『入於淮，達於泗。』惟『元和志』跟『通鑑』的
『入泗、達淮』，確是先後倒亂。」「由是，我們再參照『元和志』九所說：『自
隋氏鑿汴以來，彭城南控埇橋，以扼汴路，故其鎮尤重。』便了解到李正己、
李納之據徐州，係足以威脅汴運而不是汴運須經過徐州城下。同時，韓愈詩
『汴泗交流郡城角』那一句也沒有錯誤，因爲流至徐州而會泗的依然是原日
的汴水。……可見隋人開鑿了東南向的枝渠之後，原日汴渠的下游仍然流通，
只是隋、唐、宋三代的主要漕運，沒有經過這一段路罷了。」

〔註41〕見馬正林，〈論唐宋汴河〉，《陝西師大學報》1986 年第三期，頁78～81。
〔註42〕參見李翱，《李文公集》（上海：上海商務印書館縮印江南圖書館藏明成化刊
　　　　本），卷十八〈南來錄〉，其中記載云：「元和四年（809）正月庚子（二十三
　　　　日），出洛，下河，止汴梁口，遂泛汴流，通河於淮。辛丑（二十四日），及
　　　　河陰。乙巳（二十八日），次汴州（今開封市）。……二月丁未（初一）朔，
　　　　宿陳留。戊申（初二），宿雍鄴（今杞縣），乙西（初三），次宋州（今商丘縣），……
　　　　壬子（初六），至永城。……丙辰（初十），次泗州，見刺史，假舟轉淮，上
　　　　河如揚州。庚申（十四日），下汴渠入淮，風帆及盱眙，……壬戌（十六日），
　　　　至楚州（今淮安）。丁卯（二十一日），至揚州。」（李翱走的是沒有經過徐州
　　　　的汴河新線）

書與《來南錄》爲同一時代,而對汴河卻作了不同的記載〔註43〕,其原因顯然是李吉甫根據不同資料編寫此書的緣故。另外,古汴渠在唐時依然暢通,也容易因同名而混淆。然而,無論在裴耀卿或劉晏主持漕運時期,並沒有使用汴泗道〔註44〕。因此,馬先生認爲隋煬帝所開鑿的通濟渠,完全是一條新的渠道〔註45〕(見圖十一)。不論如何,通濟渠在唐代中期以後,發揮了極大的功用,《元和郡縣圖志》載:「公家運漕,私行商旅,舳艫相繼,隋氏作之

────────────

〔註43〕 《元和郡縣圖志》,卷五〈河南道一〉,頁96,汴渠條載:「……通濟渠……自板渚引河入汴口,又從大梁之東引汴水入於泗,達於淮。」同書,卷七〈河南道三〉,頁118,雍邱條載:「城北臨汴河。」汴州條載:「……通濟渠條,州自大梁城西南鑿渠引汴水,即蒗宕渠也。」頁119,宋城縣條載:「汴水經(宋)州城南。」同書,卷九〈河南道五〉,頁141,徐州條載:「按自隋氏鑿汴以來,彭城南控埇橋,以扼汴路,故其鎮尤重。」頁143,宿州條云:「其地南臨汴河,有埇橋,爲舳艫之會。」頁144,臨淮縣條云:「臨淮縣南臨淮水,西枕汴河。」

〔註44〕 同註41引文,頁78~79。

〔註45〕 同註41引文,頁79。根據馬正林先生實地考察結果認爲:「今河南、安徽沿通濟渠一帶的群眾,都把唐宋汴河遺址留到今天的故道稱爲隋堤,永城、宿州就位于隋堤之上,而宿永公路也正好占用隋堤。我們在實際考察中,也找到了數段高于地平面三至五米的隋堤遺址。近年來在安徽泗縣、靈壁、宿州、濉溪等縣市,陸續出土了完整的木船、船板,以及唐宋遺物等,都爲汴河的具體線路提供了實物證據。濉溪縣有三條南北走向河網大溝穿過隋堤,可以清晰地看到唐宋汴河的河槽寬度。據說河槽上口寬約三十五至四十米,堤坡較緩,從地面挖下七米爲沙土。」「通濟渠在今開封以下即趨向東南,就是要打通一條直接入淮、不再繞道今徐州的捷徑。因爲今徐州市以下的泗水河道彎曲,又有徐州洪(亦稱百步洪)、呂梁洪之險,從來就不是一條理想的航道。徐州洪在今徐州市區,呂梁洪在今銅山縣張集鄉上洪村和房村鄉下洪村之間。徐、呂洪地處山腳,有『懸水三十仞,流沫九十里』之險,自古以來就是運河的要害,漕船的致命傷,『泗濱浮磬』,也正是泗水河道中巨石嶙峋,竟然可以浮出水面。通濟渠撇開徐州以下的泗水河道,徑直入淮,不僅路近,而且在今商丘縣以南是利用睢水,在商丘縣以下即利用蘄水。古代的蘄水是由今商丘縣東南從睢水分出,行經今夏邑、永城、宿州、泗縣而東南入淮。通濟渠在今商丘縣以下的走向與古蘄水的流向基本一致絕非偶然,應該說,這段通濟渠就是利用蘄水河道而開成的。因爲徐州以下的泗水河道坡降較大,而商丘以下的蘄水河道坡降較小,利用坡降較小的河道行船自然方便得多。」由上知所謂通濟渠是一條新的渠道,並非平地開挖,而是利用睢水、蘄水河道加以整治罷了。亦無怪煬帝開通濟渠以一百七十天左右即可完工通航。經徐州一線雖未有考古發掘資料以資佐證,亦不可斷定此路不通。故潘鏞說:「通濟渠路線目前尚難下定論,只有通過系統的大量的考古發掘資料來印證文獻記載,才可下結論,現在也只能求同存疑。」(潘鏞,《隋唐時期的運河和漕運》,頁34)

圖十一：隋通濟渠略圖

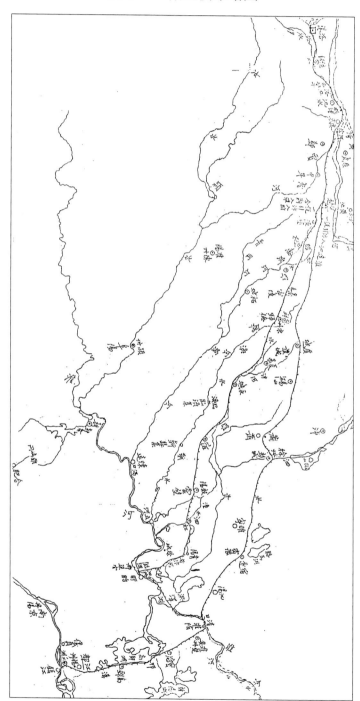

註：本圖採自王恢，《中國歷史地理》，頁333。

雖勞，後代實受其利焉。」〔註46〕皮日休在〈汴河銘序〉文中云：「……垂後以功者，當時勞而後時利，……則隋之疏淇汴、鑿太行，在隋之民不勝其害也，在唐之民不勝其利也。……北通涿鹿（一作郡）之漁商，南運江都之轉輸，其為利也博哉！」〔註47〕李敬方的〈汴河直進船詩〉亦云：「汴水通淮利最多，生人為害亦相和；東南四十三州地，取盡脂膏是此河。」〔註48〕可謂道盡其中的甘與苦。

本區陸路交通亦相當的發達，唯水運運量大，成本低，溝通西北與東南，仍以運河為最重要，李翱南去廣州〔註49〕、李德裕貶潮州司戶，亦自洛陽水路經江淮赴任〔註50〕、韓愈赴徐州張建封幕〔註51〕、龐勛叛亂至河淮間〔註52〕，均取道水路，相對的陸路交通資料就較少見。宣武軍節度使轄區汴宋亳潁四州，無大山阻隔，陸路暢通。根據嚴耕望先生的研究，陸上交通以長安洛陽為中心，由京師長安東循渭水南岸，經華州出潼關，經虢陝至東都洛陽，可視為陸上交通之軸心，由軸心兩極之長安與洛陽向四方輻射，成為全國主要交通網。由洛陽東行之主要幹線有二：（一）出虎牢關，經河陰、鄭州至汴州，去洛陽四百二十里。又東經曹（或經滑）、濮、鄆、齊、青、萊至登州，去洛陽二千二百里，去長安三千一百餘里。（二）由汴州東南循運河，經宋、宿至泗州入淮，又經楚州至揚州，去洛陽一千七百餘里，去長安二千五百餘里。此線有輔線一，自洛陽東南經汝、許、陳（或由汴州至陳許）、潁、壽、廬，渡江至采石，經宣、歙至睦州，與主線合。〔註53〕（見圖十二）

唐代交通的發達亦可由館驛制度見其端倪，其驛有陸驛水驛之分，亦有

〔註46〕見《元和郡縣圖志》，卷五〈河南道一〉，汴渠條，頁96上。
〔註47〕見《文苑英華》，卷七八七〈銘三〉，山川，頁4969。
〔註48〕見李敬方，〈汴河直進船詩〉，收入錢謙益、季振宜輯，《全唐詩稿本》（台北：聯經出版事業公司據國立中央圖書館珍藏清稿本影印，民國68年9月），第四十八冊，頁161。
〔註49〕同註42。
〔註50〕見《舊唐書》，卷一七四〈李德裕傳〉，頁4528。
〔註51〕見韓愈，〈此日足可惜一首贈張籍詩〉，收入《全唐詩稿本》第三十五冊，頁51～54。
〔註52〕見《舊唐書》，卷一七七〈崔彥曾傳〉，頁4581～4582；同書，卷一七二〈令狐綯傳〉，頁4466～4467。
〔註53〕參見嚴耕望，〈中國歷史地理‧唐代篇〉，收入《中國歷史地理》（中華文化事業社，民國57年7月第三版），頁38～39。

圖十二：唐代東都以東交通路線示意圖

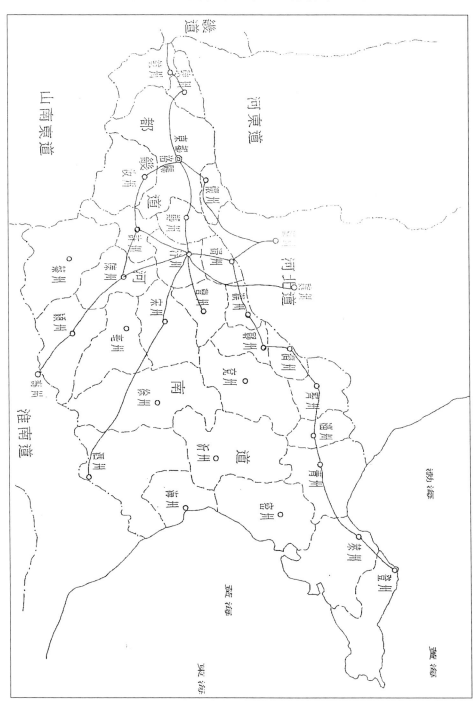

註：據嚴耕望，《中國歷史地理・唐代篇》繪成。

水陸相兼者〔註54〕。唐制三十里一驛，事實上多不止三十里，有遠距六七十里者。驛各置長一人，量閑要定船馬數：陸驛，都亭七十五匹，諸道驛分六等，第一等六十匹，遞減至第六等八匹；水驛，繁者般四隻，閑者三兩隻。凡乘驛者，在京於門下省給券，在外於留守及諸軍州給券，而其政令則由駕部掌之〔註55〕。中葉以後，中央特置館驛使，諸道置館驛巡官，諸州縣則以縣尉或主簿專知，重其事也〔註56〕。官驛供公事，而民間亦置私驛以供過客。驛騎速度，史傳不載，嚴耕望先生認爲急驛日程可達四百里〔註57〕。《通典》載開元時陸上交通云：「東至宋、汴，西至岐州，夾路列店肆待客，酒饌豐溢，每店皆有驢賃客乘，倏忽數十里，謂之驛驢。南詣荊襄，北至太原、范陽，西至蜀川、涼府，皆有店肆以供商旅，遠適數千里，不持寸刃。」〔註58〕驛路又分等級，從上都至汴州爲大路驛，從上都至荊南爲次路驛，由汴州東南行之驛路雖未見等級〔註59〕，其重要性當不在大路驛之下。由汴州通河北，主要有兩道，即西北取滑州渡白馬津，至黎陽抵相州；東北取濮陽德勝渡至頓丘，抵魏州。唐中葉以後，魏博節度治魏州，爲河北第一強鎮，直南渡濮陽津至汴州，汴州地位益形重要〔註60〕（見圖十三）。因汴州爲唐代黃淮平原第一大城市，又爲東南財賦之轉運中心。

宣武軍節度使轄區各州對外交通里程（見表五），以急驛速度計，大約一日可達，以李翱沿途拜訪寄宿，自汴州至泗州這段行程，前後共經過了十一天〔註61〕。若以正常速度行進〔註62〕，水陸並用，三至五日均可到達，交通不可謂不便。

〔註54〕 見《大唐六典》，卷五，頁123～124。
〔註55〕 同註54。
〔註56〕 王溥，《唐會要》（台北：世界書局，民國71年12月四版），卷六十一〈御史臺中〉，館驛，頁1063。
〔註57〕 同註53引書，頁37。
〔註58〕 見《通典》，卷七〈食貨七〉，歷代盛衰戶口，頁41中。
〔註59〕 同註56引書，同卷，頁1061。此爲德宗貞元二年十二月敕節文，兩都間之驛路其重要性自不待言，自汴州至江淮之水路驛則爲生命線。
〔註60〕 參見嚴耕望，〈河陽以東黃河流程與津渡〉，收入氏著《唐代交通圖考》第五卷（台北：中央研究院歷史語言研究所，民國75年5月），頁1570。
〔註61〕 同註42。
〔註62〕 《大唐六典》，卷三，頁72載當時規定水陸日行里程云：「凡陸行之程，馬日七十里，牛及驢五十里，車三十里。水行之程，舟之重者泝河日三十里，江四十里，餘水四十五；空舟泝河四十里，江五十里，餘水六十里；沿流之舟則輕重同制，河日一百五十里，江百里，餘水七十里。」

圖十三：汴州與相州、魏州交通路線圖

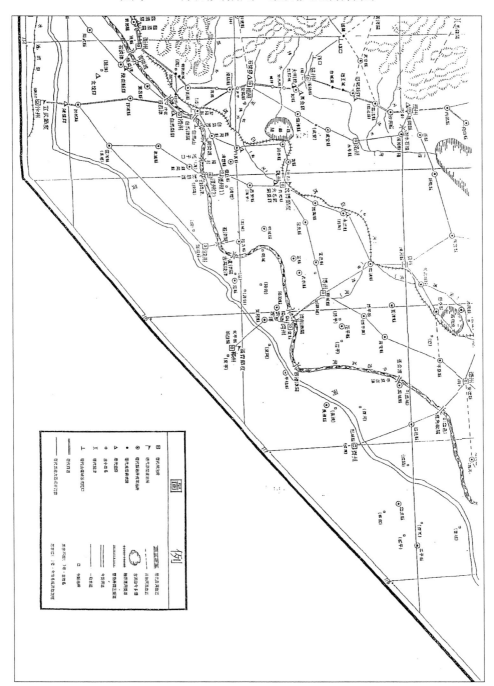

註：本圖採自嚴耕望，《唐代交通圖考》第二十一圖，唐代河陽以東黃河津渡、河北平原交通
　　合圖之南半幅。

表五：宣武軍節度使轄州州治與兩都鄰州州治里程表

州名	方　向	里　程	兩都或鄰州	備　　註
汴州	西 西 南 東北 東南 北	1,280 里 420 里 300 里 245 里 310 里 210 里	上　都 東　都 宋　州 曹　州 陳　州 滑　州	參見《元和郡縣圖志》，卷七〈河南道三〉。
宋州	西 西 東南 北 西南 西北	1,580 里 920 里 750 里 350 里 140 里 150 里	上　都 東　都 泗　州 徐　州 亳　州 曹　州	參見《元和郡縣圖志》，卷七〈河南道三〉。
亳州	西 西 正南微東 西北 東北 西	1,720 里 860 里 260 里 140 里 390 里 200 里	上　都 東　都 潁　州 宋　州 徐　州 陳　州	參見《元和郡縣圖志》，卷七〈河南道三〉。 元和志載東至東都，誤，當為西。
潁州	西取陳州路 西 西北 南 南 東 西北	1,820 里 960 里 700 里 360 里 約百里 360 里 260 里	上　都 東　都 汴　州 蔡　州 淮　水 壽　州 亳　州	參見《元和郡縣圖志》，卷七〈河南道三〉。

第四節　人文特色

　　「凡民函五常之性，而其剛柔緩急，音聲不同，繫水土之風氣，故謂之風；好惡取舍，動靜亡常，隨君上之情欲，故謂之俗。」〔註63〕中國正史地理志對州縣設置分併，記載較詳；對民情風俗著墨不多，研究中古時代民情風俗者，咸以《漢書・地理志》及《隋書・地理志》為本。然兩書相隔五百

──────────

〔註63〕見《漢書》，卷二十八下〈地理志下〉，頁 1640。

餘年，其間滄海桑田、王朝興衰、民族遷徙等諸多因素，對各地民情風俗均
產生重大影響。

宣武軍節度領地，春秋時為鄭、宋、陳、蔡之地，戰國時則分併於魏、
楚。茲試將《漢書》、《隋書》、《太平寰宇記》有關本區及鄰近區域之風俗表
列之於後，以明其變化，俾便說明。（見表六）

表六：宣武軍節度轄區及其鄰區之風俗表

唐代範圍	漢書地理志	隋書地理志	太平寰宇記
汴滑相衛	古魏地，俗剛彊，多豪桀侵奪，薄恩禮，好生分。	榮陽古之鄭地，邪僻傲蕩，舊傳其俗。今則好尚稼穡，重於禮文，其風皆變於古。汲郡、河內，習仲由之勇，故漢之官人，得以便宜從事，其多行殺戮，本以此焉，今風俗頗移，皆向於禮矣。	汴州：《漢書》，河南之氣，厥性安舒。今汴地涉鄭衛之境，梁魏之墟，人多髦俊，好儒術，雜以遊豫，有魏公子之遺風，難動以非，易感以義。按《通典》云：地居土中，物受正氣，其人性和而才慧，其地產厚而類繁。又劉禹錫〈汴州廳壁記〉云：地為四戰，其俗右武，人具五都，其氣習豪。 滑州：其俗剛武上氣力。 相州：自北齊之滅，衣冠士人多遷關內，惟伎巧商販及樂戶以實郡郭，由是人情險陂，至今好為訴訟。 衛州：《十三州志》云，朝歌紂都，其俗歌謠男女淫縱，猶有紂之餘風存焉。
懷州洛陽間	古周地，周人之失，巧偽趨利，貴財賤義，高富下貧，意為商賈，不好仕宦。	洛陽得土之中，賦貢所均，故周公作洛，此為攸在。其俗尚商賈，機巧成俗。	洛陽：略同於《漢書·地理志》。 懷州：風俗與周地界同。
鄭州許州間	古鄭國，土陿而險，山居谷汲，男女亟聚會，故其俗淫。	好尚稼穡，重於禮文，其風皆變於古。	鄭州風俗與滑州同。 許州：潁川本有夏之國，夏人尚忠，其弊鄙朴，有申韓餘烈，高仕宦，好文法，以貪忕爭訟為俗。然漢韓延壽、黃霸繼為郡守，先之以敬讓，化以篤厚，風教大行。
陳州附近	古陳國，婦人尊貴，好祭祀，用史巫，故其俗巫鬼。	俗與潁川同。	記載略同於《漢書·地理志》。
汝州附近	漢潁川郡，士有申子、韓非刻害餘烈，高（仕）宦，好文法，民以貪遴爭訟生分為失。	俗與潁川同。	引《漢書·地理志》云：古韓地也，土狹而險，其俗崇侈。

兗州、沂州、海州、泗州、徐州	魯地，今去聖久遠，周公遺化銷微，孔氏庠序衰壞。地陿民眾，頗有桑麻之業，亡林澤之饒。俗儉嗇愛財，趨商賈，好訾毀，多巧偽，喪祭之禮文備實寡，然其好學猶愈於它俗。	考其舊俗，人頗勁悍輕剽，其士子則挾任節氣，好尚賓遊，此蓋楚之風焉。大抵徐、兗同俗，故其餘諸郡，皆得齊魯之所尚，莫不賤商賈，務稼穡，尊儒慕學，得洙泗之俗焉。	兗州：俗同《漢書·地理志》。 海、沂州俗同於青州：至今其士多好經術，矜功名，舒緩闊達而足智，其失夸奢朋黨，言與行繆，虛詐不情，急之則離散，緩之則放縱。 泗州俗同《漢書·地理志》。 徐州：風俗好尚與鄒魯同，無林澤之饒，俗廣義愛親，趨禮樂，好敦行。
宋州、徐州、曹州、亳州、宿州	古宋國，其民猶有先王遺風，重厚多君子，好稼穡，惡衣食，以致畜藏。	其俗同於穎川	宋州、曹州、亳州俗同《漢書·地理志》。宿州俗同徐州。

　　由前表知宣武軍節度及其鄰區，風俗不盡相同，數百年間亦迭有變更，大致言之，都會之區、工商都市，民風較積極，亦多逐利之徒，鄒魯之地則仍具周公遺風。宣武軍節度地勢低平，歷來為交通要道，其民情風俗亦得四方之會，通濟渠以汴州為轉運要站，為唐代黃淮平原第一大都市兼政治、商業中心，〈李勉傳〉云：「汴州水陸所湊，邑居龐雜，號為難理。」〔註64〕中晚唐汴州以驕兵悍將聞名，此為藩鎮普遍風習，已不足為怪。

〔註64〕見《舊唐書》，卷一三一〈李勉傳〉，頁3633。

第三章　關中本位政策下的宣武軍節度使

第一節　隋唐時代的長安與洛陽

　　國都，是全國的政治重心、國家規模與精神所寄、民族休戚相關，必具有控制八方，長駕遠馭的氣慨，領導全國政治、經濟、文化的發展，據有國防的優越形勢〔註1〕。亦即國都選定需考慮自然環境、經濟、軍事、社會基礎等諸多因素。〔註2〕

　　長安爲中國古都，從周迄唐，都於此者十三代，共一〇六八年〔註3〕。其間的變化不容忽視。以自然環境言，禹貢稱關中地區爲雍州，「厥土黃壤，田上上，賦中下。貢球、琳、琅玕。」〔註4〕至周，「其利玉石；畜宜牛馬；穀宜黍稷。」〔註5〕「其民有先王遺風，好稼穡，務本業，……有鄠、杜竹林，南山檀柘，號稱陸海，爲九州膏腴。始皇之初，鄭國穿渠，引涇水漑田，沃野千里，民以富饒。……」〔註6〕秦因之以統一六國。在分裂時代，據關中亦足自保；在大一統朝代則需與全國情勢配合。漢初劉敬之言改變了劉邦都洛的

〔註1〕見王恢，《中國歷史地理》（台北：台灣學生書局，民國68年4月修訂再版），頁11。
〔註2〕見史念海，〈中國古都形成的因素〉，收入《中國古都研究》第四輯，1989年3月，頁1～36。
〔註3〕同註1引書，頁14～15。
〔註4〕見《漢書》，卷二十八上〈地理志第八上〉，頁1532。
〔註5〕同前註引書，同卷，頁1540～1541。
〔註6〕同前註引書，同卷，頁1642。

念頭〔註7〕，張良加以引申，道出了首都與腹地的關連性，謂：「夫關中左殽函、右隴蜀，沃野千里，南有巴蜀之饒，北有胡苑之利，阻三面而守，獨以一面東制諸侯。諸侯安定，河渭漕輓天下，西給京師；諸侯有變，順流而下，足以委輸。此所謂金城千里，天府之國也。」〔註8〕是時據有關中足可內制外拓〔註9〕。隨著政府機關的擴大，官僚數量不斷膨脹，關中地區對關東糧食的依賴益發殷切，在關中地區開鑿灌溉渠道，就地解決食糧問題與維護關東關中運道的暢通，成為西漢政府的首要之務〔註10〕。東漢都洛陽，經濟因素為最重要，及至末葉，黃巾之亂，群雄混戰，使得「生靈版蕩，關洛荒蕪。」〔註11〕經曹魏經營，名士風流盛於洛下。永嘉之亂，兩都淪陷，五胡淆亂，僭逆相仍，北魏自六鎮叛變之後「恆代而北，盡為丘墟；崤潼已西，煙火斷絕。」〔註12〕西魏北周乃至隋唐定都長安是處於分裂時代，全為戰守，並不符合經濟發展趨勢，因此之故，自然形成「關中本位政策」。周隋統治者並非不知關中僻處一隅，不足以鎮懾關東，北周武帝建德六年（577）二月平北齊，乃於其地置河陽、幽、青、南兗、豫、徐、北朔、定總管府，相、并二總管各置宮及六府官以統轄之〔註13〕。靜帝大成元年（579）二月，下詔重修洛陽城，並移相州六府於洛陽，稱東京六府。二月辛卯，洛陽城修復，詔令河陽、幽、相、豫、亳、青、徐七總管受東京六府處分〔註14〕，顯然以東京為控制齊地之指揮中心，亦可見長安政權要鞏固其統治基礎，必須以洛陽為輔。及至隋仁壽四年（604）十一月，煬帝下詔營建東京，理由之一即為「關河懸遠，兵不赴急，……況復南服遐遠，東夏殷大，因機順動，今也其

〔註7〕 見《史記》，卷九十九〈劉敬叔孫通列傳〉，頁 2716 載劉敬之言曰：「且夫秦地被山帶河，四塞以為固，卒然有急，百萬之眾可具也。因秦之故，資甚美膏腴之地，此謂天府者也。」

〔註8〕 見《史記》，卷五十五〈留侯世家〉，頁 2044。

〔註9〕 見侯甬堅，〈中國古都選址的基本原則〉，收入《中國古都研究》第四輯，1989年 3 月，頁 40～45。

〔註10〕 見《漢書》，卷二十九〈溝洫志〉，頁 1675～1700。

〔註11〕 見房玄齡，《晉書》（北京：中華書局，1974 年 11 月第一版），卷十四〈地理上〉，總敘，頁 407。

〔註12〕 見魏收，《魏書》（北京：中華書局，1974 年 6 月第一版），卷一○六上〈地形志二上第五〉，頁 2455。

〔註13〕 見令狐德棻，《周書》（北京：中華書局，1971 年 11 月第一版），卷六〈武帝本紀下〉，頁 101。

〔註14〕 同前註引書，卷七〈宣帝本紀〉，頁 117～119。

時。……」〔註15〕李唐代隋，關隴集團的本質未變，既以歷史情感建都長安，復因經濟、國防需要，以洛陽為東都，兩都同受重視，無分軒輊。

　　京師為全國首善之區、人文薈萃之地，為政治、經濟、軍事、文化重心，歷代首都戶口數常居當時之冠，生之者寡，食之者眾，為一典型消費性都市。（見表七、表八）

表七：前漢至唐長安地區（渭水流域）人口統計表

朝代	年　代	所　屬　川　郡	領縣	戶　數	口　數
前漢	元始二年（2）	京兆尹、左馮翊、右扶風	57	647,180	2,436,360
後漢	永和五年（140）	京兆尹、左馮翊、右扶風	38	107,741	523,860
西晉	太康初年（280左右）	京兆郡、馮翊郡、扶風郡、北地郡、始平郡、新平郡	32	94,000	
東魏	武定年間（543～550）	華州、雍州、岐州、東秦州			
隋	大業五年（609）	京兆、馮翊、扶風、上郡	44	545,783	
唐	貞觀十三年（639）	京兆府、華州、同州、丹州、坊州、邠州、岐州、隴州	53	337,876	1,464,603
唐	天寶元年（742）	京兆郡、華陰郡、馮翊郡、扶風郡、新平郡、咸寧郡、中部郡、汧陽郡	56	600,714	3,406,200
唐	元和年間（806～820）	京兆府、華州、同州、鳳翔府、隴州、邠州、坊州、丹州	59	261,193	

　　註：本表係依據梁方仲，《中國歷代戶口、田地、田賦統計》一書之統計資料作成，歷代長安地區所轄州郡以漢代轄區大小為原則。

表八：前漢至唐洛陽地區（洛水黃河流域）人口統計表

朝代	年　代	所　屬　州　郡	領縣	戶　數	口　數	備　註
前漢	元始二年（2）	河內郡、河南郡、弘農郡	51	635,781	3,283,321	

〔註15〕見《隋書》，卷三〈煬帝紀上〉，頁60～62。其詔中言洛陽之地理形勢：「然洛邑自古之都，王畿之內，天地之所合，陰陽之所和。控以三河，固以四塞，水陸通，貢賦等。……」其地位較長安似略勝一籌。

後漢	永和五年（140）	河南尹、河內郡、弘農郡	48	415,071	2,011,498	
西晉	太康初年（280左右）	河南郡、滎陽郡、弘農郡、上洛郡、河內郡	38	231,400		
東魏	武定年間（543～550）	洛州、北豫州、義州、懷州	51	81,575	370,470	
隋	大業五年（609）	上洛、弘農、河南、滎陽、河內	48	534,782		
唐	貞觀十三年（639）	河南府、懷州、鄭州、陝州、虢州	22	70,054	302,772	因河南府、虢州缺資料故屬縣及戶、口數均只算三州之數。
唐	天寶元年（742）	河南郡、弘農郡、滎陽郡、陝郡、河內郡	34	385,996	2,128,182	
唐	元和年間（806～820）	河南府、陝州、虢州、鄭州、懷州	52	55,420		

註：本表係依據梁方仲，《中國歷代戶口、田地、田賦統計》一書之統計資料作成，歷代洛陽地區所轄州郡以漢代轄區大小為原則。

　　隋文帝統一全國，整頓戶口，行均田制，加上承平日久，薄賦於民，天下戶口大增，「京輔及三河，地少而人眾，衣食不給。」〔註16〕先是，在開皇三年（583），文帝以京師倉廩尚虛，議為水旱之備，「於蒲、陝、虢、熊、伊、洛、鄭、懷、邵、衛、汴、許、汝等水次十三州，置募運米丁。又於衛州置黎陽倉，洛州置河陽倉，陝州置常平倉，華州置廣通倉，轉相灌注。漕關東及汾、晉之粟，以給京師。又遣倉部侍郎韋瓚，向蒲、陝以東，募人能於洛陽運米四十石，經砥柱之險，達于常平者，免其征戍。」〔註17〕可見當時關中地區糧食生產及積蓄尚不足，轉輸黃河南北之米以實關中，為第一要務。開皇四年且開廣通渠，以轉運通利，「關內賴之」〔註18〕。自是「諸州調

〔註16〕見《隋書》，卷二十四〈食貨志〉，頁682。
〔註17〕同前註引書，同卷，頁683。
〔註18〕同前註引書，同卷，頁683～684。其開廣通渠詔曰：「京邑所居，五方輻湊，重開四塞，水陸艱難。大河之流，波瀾東注，百川海瀆，萬里交通。雖三門之下，或有危慮，但發自小平，陸運至陝，還從河水，入於渭川，兼及上流，控引汾、晉，舟車來去，為益殊廣。而渭川水力，大小無常，流淺沙深，即成阻閡。……故東發潼關，西引渭水，因藉人力，開通漕渠，量事計功，易可成就。……」於是命宇文愷率水工鑿渠，引渭水，自大興城東至潼關，三百餘里，名曰廣通渠。

物，每歲河南自潼關，河北自蒲坂，達于京師，相屬於路，晝夜不絕者數月。」〔註19〕雖然如此，關中之食糧仍不足以支應長久，開皇六年河南諸州大水，關中旱，文帝發廣通之粟三百餘萬石，以拯關中，且令百姓往關東就食。十四年（594），關中大旱，文帝親率百姓往東都就食〔註20〕。煬帝即位開通濟渠、永濟渠，實爲必要之舉。通濟渠之目的不單爲遊幸，永濟渠作用亦不僅在伐高麗，實有經濟上之重大作用。

　　隋末，天下大亂，群雄割據，李淵起兵太原，沿汾水而下，迅速佔據關中，河東、關中遂成爲李唐王業的基礎。因之，關中所受兵災較少，加上李淵本屬關隴集團之核心份子，大興城又屬新建，長安自然的成爲李唐的首都。〔註21〕

　　「唐都長安，而關中號稱沃野，然其土地狹，所出不足以給京師，備水旱，故常轉漕東南之粟。高祖、太宗之時，用物有節而易贍，水陸漕運，歲不過二十萬石，故漕事簡。自高宗已後，歲益增多，而功利繁興，民亦罷其弊矣。」〔註22〕唐代政府最大支出爲官俸與軍隊薪水。「武德中，天下兵革新定，士不求祿，官不充員。」〔註23〕太宗時，省內外官，定制爲七百三十員。「然是時已有員外置，其後又有特置，同正員。至於檢校、兼、守、判、知之類，皆非本制。又有置使之名，或因事而置，事已則罷，或遂置而不廢。其名類繁多，莫能徧舉。」〔註24〕即如此，唐初的官俸支出亦不算多。高宗以後，武后當政，大量起用新人，員額益增。中宗時，韋后及太平、安樂公主等用事，墨敕斜封授官，官益冗。自中葉已後，盜起兵興，又有軍功之官，遂不勝其濫矣〔註25〕。且唐代官俸，多出於租調，官員增多外，俸祿不斷調高，造成唐財政上的一大負擔。〔註26〕

　　唐代初期府兵制爲一種不公平的兵農合一制。其理想原爲「居無事時耕

〔註19〕同前註引書，同卷，頁681～682。
〔註20〕同前註引書，同卷，頁684。另見同書，卷一〈高祖本紀〉，頁24：卷二，頁39。
〔註21〕見唐・溫大雅，《大唐創業起居注》（台北：藝文印書館，百部叢書集成四十六，學津討源第九函），卷一～三。
〔註22〕見《新唐書》，卷五十三〈食貨三〉，頁1365。
〔註23〕見《新唐書》，卷四十五〈選舉下〉，頁1174。
〔註24〕見《新唐書》，卷四十六〈百官一〉，頁1181～1182。
〔註25〕同註24。
〔註26〕見《新唐書》，卷五十五〈食貨五〉，頁1393～1405。唐世百官俸錢，會昌後不復增減。

於野，其番上者，宿衛京師而已。若四方有事，則命將以出，事解輒罷，兵散于府，將歸于朝。故士不失業，而將帥無握兵之重，所以防微漸、絕禍亂之萌也。」〔註27〕唐初戰爭多，府兵徵發頻繁，又需自備武器糧餉；宿衛番上，長年奔跑於途，加上役齡長達四十年，非常人所能忍受，因而造成府兵的逃亡。高宗、武后時，爲應付東突厥與吐蕃，曾數次詔令求訪士兵及將領，玄宗開元初年亦然〔註28〕，至開元十一年，由於張說的建議，政府遂改府兵制爲募兵制，名曰彍騎〔註29〕。如此，唐代兵制遂由兵農合一變爲兵農分離，軍隊的給養亦改由國家負擔，政府的經費開支益形增加，轉漕關東租米的數量亦相對增大。

唐代關中地狹人稠，食糧需求殷切，倘遇水旱，加上關東漕運量不足，則常有就食東部之舉。高宗之前，太宗曾三次行幸洛陽，但時間甚短，而在史書上也找不到經濟方面的原因〔註30〕。至高宗時行幸洛陽次數增加，而且時間很長，主要是由於經濟方面的原因〔註31〕。武后稱制改東都爲神都，在她執

〔註27〕 見《新唐書》，卷五十〈兵志〉，頁 1328。

〔註28〕 見宋綬、宋敏求，《唐大詔令集》，卷一〇二〈政事〉，荐舉上，頁 519～521。顯慶二年六月採訪武勇詔；儀鳳二年十二月求猛士詔；先天元年十二月文武官及朝集使舉堪將帥詔；開元九年九月求訪武士詔。

〔註29〕 《新唐書》，卷五〈兵志〉，頁 1326～1327 載：「自高宗、武后時，天下久不用兵，府兵之法寢壞，番役更代多不以時，衛士稍稍亡匿，至是益耗散，宿衛不能給。宰相張說乃請一切募士宿衛。十一年，取京兆、蒲、同、岐、華府兵及白丁，而益以潞州長從兵，共十二萬，號『長從宿衛』，歲二番，命尚書左丞蕭嵩與州吏共選之。明年，更號曰『彍騎』。」

〔註30〕 根據《舊唐書》，卷三〈太宗本紀〉：貞觀十一年（637）二月幸洛陽宮，十二年二月車駕還京，計留住一年，此次目的，史未詳載，貞觀十五年正月目的在封泰山，後因星變而止，在洛陽住了十個月；貞觀十八年十月，率六軍征高麗，路過洛陽，住了三個月。

〔註31〕 據《舊唐書》，卷四、五〈高宗本紀〉，高宗總共有七次行幸東都：第一次在顯慶二年（657）正月，留住一年；第二次在顯慶四年（659）閏十月，住兩年半；第三次在麟德二年（665）正月，住十個月；第四次在咸亨二年（671）正月，住一年零十一個月；第五次在上元元年（674）十一月，住一年零四個月；第六次在儀鳳四年（679）正月，住一年零九個月；最後一次在永淳元年（682）四月，到次年十二月死於洛陽。「總計在顯慶二年以後的二十六七年內，高宗行幸洛陽的時間幾乎要佔去一半。而且在這七次行幸中，有四次都在正月離長安；這顯然是因爲那時關中青黃不接，糧食供給不足的原故。其餘三次也在正月的前後出發，而沒有在秋收時離長安的。可見高宗所以屢次行幸洛陽，實以經濟的原因爲主。」（見全漢昇，《唐宋帝國與運河》，頁 20～21）

政的二十年內有十八年居住在洛陽，此與她政治野心有關，經濟考量亦是重要原因〔註32〕。中宗復位，政府遷回長安，中經八年（705～712），中樞經濟景況不佳，至玄宗即位，亦曾九次行幸洛陽，主要原因仍是經濟因素。〔註33〕

　　事實上，洛陽都城腹地並不比長安寬廣，但東出即面臨黃淮大平原，「有河朔之饒，食江淮之利。」〔註34〕有通濟、永濟二渠「溝通江漢之漕，控引河淇之運。」〔註35〕因此唐得在「太原（陝州太原倉）蓄鉅萬之倉，洛口積天下之粟。」〔註36〕洛陽所以成為唐代第二政治中心即因佔了漕運便利優勢。唐代前期政府主要依賴的糧產區為黃淮大平原，其運輸管道則為永濟、通濟二渠，沿渠之州縣即成當地之政治、經濟、軍事中心。永濟渠沿岸城市重要者有幽州、貝州、魏州、衛州；通濟渠沿岸有汴州、宋州、宿州、泗州。永濟渠開鑿於大業四年（608）正月，《隋書》有關資料甚少，《元和郡縣圖志》河北道部分又有闕，然自隋文帝開始即有運河北之粟以實關中的記載，則永濟渠功用亦不止於伐高麗的運糧道。

第二節　唐代前期的宣武軍節度使

　　唐高祖時，天下初定，權置州郡頗多，太宗貞觀元年（627），始命併

〔註32〕見《舊唐書》，卷六〈則天皇后本紀〉；另見全漢昇，《唐宋帝國與運河》，頁22～23。則天改東都為神都，擴大神都轄區，謂：「……朕膺此符命，大庇黎元，俯順謳歌，君臨區夏，紹隆周之睿業，因丕洛之鴻基，相彼土中，實惟新邑。五方入貢，兼水陸之駿奔；六氣運行，均霜露而調序。山川形勝，祥祉荐臻，遠窮乾心，近收昕欲，式建宗社，大啓神都。……可以洛東：鄭州、汴州，南：汝州、許州，西：陝州、虢州，北：懷州、澤州、潞州，東北：衛州，西北：蒲州為王畿。內鄭州、汴州、許州可置八府，汝州可置二府，衛州可置五府，別兵皆一千五百人，所司詳依格式，明為條例。」（見《全唐文》，卷九十五〈高宗武皇后一〉，以鄭汴等州為王畿制，頁1227～1228）以地理形勢觀之，背崤函，右伏牛，左太行，東出可控制黃淮平原，唯西進以禦外夷則太過懸遠。

〔註33〕見《舊唐書》，卷七〈中宗、睿宗本紀〉、卷八〈玄宗本紀上〉；另見全漢昇，《唐宋帝國與運河》，頁24～27。自裴耀卿改革漕運行轉般法後關中漕運量大增，玄宗自不需就食洛陽。

〔註34〕見《文苑英華》，卷六〇五，〈表〉五十三，宋之問，〈為東都僧等請留駕表〉，頁3731～3732。

〔註35〕見《唐大詔令集》，卷七十九〈典禮〉，巡幸，〈開元九年九月九日幸東都詔〉，頁453。

〔註36〕見《舊唐書》，卷一九〇〈文苑中〉，〈陳子昂傳〉，頁5021。

省，又因山川形便，分天下爲十道，汴、宋、亳、潁隸河南道〔註37〕。河南
道轄地「東盡于海，西距函谷，南瀕於淮，北薄于河。」〔註38〕越河則爲河
北、河東兩道。河東、關內爲興王之地，河北、河南爲財賦之區，其地位至
爲重要。唐初承西魏、北周「關中本位政策」，重關中輕山東（太行山以東）
〔註39〕汴州地位並未特別突顯。再者，當時河北道之物產、戶口均占全國之
極大比例，賦稅收入豐厚，太平之時，汴宋諸州行政地位亦未特別提高，反
而是轉運使權特別加重。

　　唐初河北道即漢魏時幽冀二州，地居黃淮平原北半，北枕燕山，南臨黃
河，西憑太行，東漸於海。「以燕京而視中原，居高負險，有建瓴之勢。」
〔註40〕山、河、海環繞其周，「形勝實甲天下」〔註41〕。河北道因地形特
殊，儘管多自然災害，但因境內土壤肥沃，物產資源極爲豐富〔註42〕。因此
「境內自然經濟具有不需要任何外界依賴而獨立發展的封閉性和對外影響的
輻射性。優越的地理、發達的經濟、殷盛的人口及又封閉又開放的形勢，使
幽冀（唐之河北道）地區，……爲兵家必爭之地，豪強割據兼并的王霸之
基。」〔註43〕北朝諸國均以河北爲爭奪的目標，而建都於河北地區者亦有後
趙、冉魏、前燕、後燕、東魏、北齊等國。「自東漢以來，河北地理形勢及地
區政治、軍事、經濟的發展，民族的分布和遷徙，使這裏成了矛盾、戰爭、
融合、發展、分裂與統一，各種力量交織一起，相互衝突、彼此彙集的地
區，成爲治亂的關鍵地帶。」〔註44〕

〔註37〕見《新唐書》，卷三十七〈地理一〉，頁959。

〔註38〕見《大唐六典》，卷三，頁54。河南道領州二十八：河南府、陝、汝、鄭、汴、
　　　　蔡、許、豫、潁、陳、亳、宋、曹、滑、濮、鄆、濟、齊、淄、徐、兗、泗、
　　　　沂、青、萊、登、密、海。

〔註39〕見張榮芳，〈試論隋唐的山東與關東〉，《食貨月刊》第十三卷一、二期合刊（民
　　　　國72年5月），頁45～57。

〔註40〕見顧祖禹，《讀史方輿紀要》，卷十〈直隸方輿紀要序〉，頁433。

〔註41〕同前註引書，同卷，頁468。

〔註42〕見《大唐六典》，卷三，頁56～57。河北物產除租米外，「厥賦絹綿及絲」，「厥
　　　　貢羅、綾、平紬、絲布、絲紬、鳳翎葦蓆、墨。」另《新唐書・地理志》載
　　　　河北道土貢有五十餘種，可見此道物產之豐饒。

〔註43〕見牛潤珍，〈魏晉北朝幽冀諸州要論──兼談南北東西形勢的形成〉，收入《地
　　　　域社會在六朝政治、文化上所起的作用》一書（日本：學術振興社，1989年
　　　　3月），頁98。

〔註44〕同前註引文，頁102～103。

　　因河北物產富饒，風格俠義武勇〔註45〕，五胡、北朝之紛亂，此地之人民已成一務農業、善戰鬥之集團，亦即陳寅恪先生所謂的「山東豪傑」。然河北之地長久以來處於與關中對峙的局面，隋唐政府對此區頗爲猜忌〔註46〕。隋煬帝大業三年（607）巡省河北，詔曰：「……自蕃夷內附，未遑親撫，山東經亂，須加存恤。今欲安輯河北，巡省趙魏。」〔註47〕永濟渠之開鑿，亦有便利控制河北之軍事作用。唐高祖對山東之人猜忌尤甚，《通鑑考異》引《太宗實錄》云：「（劉）黑闥重反，高祖謂太宗曰：『前破黑闥，欲令盡殺其黨，使空山東，不用吾言，至有今日。』及隱太子征闥平之，將遣唐儉往使，男子十五已以上悉阬之，小弱及婦女摠驅入關，以實京邑。」〔註48〕至太宗仍對山東心存歧視〔註49〕，因此唐政府於河北道不置府兵，《玉海》引《蘇冕會要》云：「關內置府二百六十一，精兵士二十六萬，舉關中之眾以臨四方。又置折衝府二百八十，通計舊府六百三十三，河東道府額亞於關中。河北之地，人多壯勇，故不置府，其他諸道亦置。」〔註50〕及至玄宗開

〔註45〕《隋書》，卷三十〈地理志中〉，頁859。有關河北風俗之記載云：「人性多敦厚，務在農桑，好尚儒學，而傷於遲重。……俗重氣俠，好結朋黨，其相赴死生，亦出於仁義。」其近邊郡之地則以勇俠著稱，高適詩云：「幽州多騎射，結髮重橫行。一朝事將軍，出入有聲名。紛紛獵秋草，相向角弓鳴。」見劉開揚，《高適詩集編年箋註》（台北：漢京文化事業公司，民國72年9月），頁33。

〔註46〕有關此問題，谷霽光先生大文，〈安史亂前之河北道〉，《燕京學報》第十九期（民國25年6月），頁197～209，已有詳細論述。杜牧戰論中亦論及河北形勢：「夫河北者，俗儉風渾，淫巧不生，朴毅堅強，果於耕戰。名城堅壘，嶺壁相貫；高山大河，盤桓交鎖。加以土息健馬，便於馳敵。是以出則勝，處則饒，不窺天下之產，自可封殖；亦猶大農之家，不待珠璣然後以爲富也。」見杜牧，《樊川文集》（上海：商務印書館縮印江南圖書館藏明翻宋刊本），卷五，頁57～58。

〔註47〕見《隋書》，卷三〈煬帝本紀上〉，頁67。

〔註48〕見《資治通鑑》，卷一九〇〈唐紀六〉，頁5963。高祖武德五年十二月壬申條，考異引太宗實錄。

〔註49〕《舊唐書》，卷七十八〈張行成傳〉，頁2703載：「太宗嘗言及山東關中人，意有同異。行成正侍宴，跪而奏曰：『臣聞天子以四海爲家，不當以東西爲限；若如是，則示人以隘陋。』太宗善其言。……」此山東人「乃指山東之士族階級，非其他不屬於高等門族之文人及一般庶民，至若山東武人，如隋末唐初間所謂『山東豪傑』者，則尤爲太宗所特別籠絡之集團，固不當於宴集朝臣時公然有所軒輊也。」見陳寅恪，〈記唐代之李武韋楊婚姻集團〉，收入《陳寅恪先生論文集》上冊（台北：九思出版社，民國66年6月），頁641。

〔註50〕見王應麟，《玉海》（京都：中文出版社，1986年10月再版），卷一三八，頁

元十一年改府兵制爲募兵制，募得兵士十二萬，其中「京兆礦騎六萬六，華州六千，同州九千，蒲州萬二千三百，晉州千五百，岐州六千，河南府三千，陝、虢、汝、鄭、懷、汴六州各六百。」〔註51〕內重外輕之勢仍相當明顯。

戶口是國家徵稅課役的基礎，戶口增減關乎國家盛衰，戶口移轉影響一國政治、經濟、文化中心的變化。從隋到唐前期，中國的重心仍在北方。隋文帝統一南北，大索貌閱，使隋的戶口激增，加上文帝勤儉，天下無事，人口大幅度成長，至大業五年（609）統計全國戶數已超過九百萬。但隋末天下大亂，戶口銳減，唐武德年間，全國戶數僅得二百萬，經過百餘年（天寶年間）全國戶數又超過九百萬（見表九）。大業五年戶數最多的地區爲河南諸郡，占全國總戶數 29.9%，其次爲河北諸郡，占 23.8%（見表十）。戶口密度最高者亦屬河南諸郡，其次爲河北諸郡（見表十一）。大業末群雄並起，黃河南北爲兵家必爭之地，受禍最烈，戶口銳減，唯四川、江南地區兵災較少，戶數到貞觀年間反而增加了，以全國戶口南北比較，南方五道已超過半數（見表十二、表十三），值得注意的是汴州戶數占全國第四位，口數卻占第二十五位，以河南道言，其口數僅次於鄭州〔註52〕。到天寶元年（742）全國戶口數普遍增加，總計起來是北多於南。戶口增加比率較大的區域，北方爲河北、河南兩道；南方爲淮南、江南東西三道（見表十四、表十五）。若天寶元年戶口數與大業五年時相比較，北方戶口數仍無法達到大業時水準，反而是南方戶口平均增加率到達 180.3%，其中以江南東西道增加最多（見表十六），相對的，

2655。另王溥，《唐會要》，卷七十二〈府兵〉，頁 1298 所載與此頗有出入：「關內置府三百六十一，積兵十六萬，舉關中之眾以臨四方。……通計舊府六百三十三，河東道府額亞於關中，河北之地，人逐漸逃散，年月漸久，逃死者不補，三輔漸寡弱。」谷霽光在〈安史亂前之河北道〉文中註 16 有說明：「蘇冕著會要，知河北道在初本不置府，當爲根據時代較早之史料。王溥著《唐會要》時知河北道已有兵府，故將『河北之地人多壯勇，故不置府』，易爲『河北之地，人逐漸逃散，年月漸久，逃死者不補。』」

〔註51〕 見《新唐書》，卷五十〈兵志〉，頁 1327。

〔註52〕 貞觀十三年戶數統計，京兆府占最多，戶 207,650，口 923,320；成都府第二，戶 117,889，口 740,312；太原府第三，戶 97,874，口 200,936；汴州第四，戶 57,701，口 82,879；同州第五，戶 53,315，口 232,016。（見《舊唐書》，卷三十八，頁 1396；卷四十一，頁 1664；卷三十九，頁 1481；卷三十八，頁 1433；卷三十八，頁 1400。另參見梁方仲，《中國歷代戶口、田地、田賦統計》，頁 78～85）根據統計數字，汴州每戶平均口數僅有 1.44，推測此處爲財賦轉運之區，又爲群雄攻洛之基地，因此兵災最多，戶口銳減。

江淮地區所負擔的賦稅也就加重，由每年的漕運量可知。漕船所經之州縣及統籌漕運之轉運使的選任，遂成為唐政府的一件大事。

表九：開皇天寶間戶口變化表

年　代	戶　數	口　數	材　料　來　源
隋開皇元年（581）	4,099,604＋ 5,000,000		據《通典》，卷七〈食貨七〉，將隋與陳戶數相加。
開皇九年（589）	7,000,000＋		據《隋書》，卷四十二〈李德林傳〉，已與陳戶數相加。
大業二年（606）	8,907,530	46,019,956	《通典》，卷七〈食貨七〉；《冊府元龜》，卷四八六〈邦計部〉。
大業五年（609）	8,907,546 9,077,714 9,075,791	46,019,956	《隋書·地理志》序；《隋書·地理志》各部戶數合計；《隋書·地理志》標點本中華書局注。
唐武德年間（618～626）	2,000,000＋		《通典》，卷七〈食貨七〉。
貞觀十三年（639）	3,008,633	12,335,977	《舊唐書·地理志》各州舊戶合計。
永徽元年（652）	3,800,000 3,850,000		《通典》，卷七；《舊唐書·高宗紀》；《冊府元龜》，卷四八六；《文獻通考》，卷十；《唐會要》，卷八十四。
神龍元年（705）	6,156,541 6,356,141	37,140,000	《舊唐書·蘇瓌傳》；《冊府元龜》，卷四八六；《文獻通考》，卷十；《唐會要》，卷八十四。
開元十四年（726）	7,069,654	41,419,712	《冊府元龜》，卷四八六；《唐會要》，卷八十四；《資治通鑑》，卷二一三；《文獻通考》，卷十。
開元二十年（732）	7,861,236	45,431,265	《通典》，卷七；《冊府元龜》，卷四八六；《唐會要》，卷八十四；《資治通鑑》，卷二一三。
開元二十二年（734）	8,006,710		《冊府元龜》，卷四八六。
開元二十八年（740）	8,412,871 8,660,452	48,114,609 48,074,442	《舊唐書·地理志》；《資治通鑑》，卷二一四；《通典》各州戶口合計；《通典》戶口數缺用《元和郡縣志》開元戶口數補。
天寶元年（742）	8,348,395 8,535,763 9,077,530	45,311,272 48,909,800 51,359,070	《通典》，卷七；《冊府元龜》，卷四八六；《唐會要》，卷八十四；《資治通鑑》，卷二一五；《舊唐書·地理志》各州天寶戶口合計，戶口數缺州用《新唐書·地理志》補；《新唐書·地理志》亦缺則用《通典》及《元和郡縣志》開元戶補。

天寶十三年 （754）	9,069,154 9,619,254	52,880,488 52,880,488	《冊府元龜》，卷四八六；《唐會要》，卷八十四；《資治通鑑》，卷二一七；《舊唐書‧玄宗紀》；《文獻通考》，卷十。
天寶十四年 （755）	8,914,709	52,919,309	《通典》，卷七。

註：本表採自胡道修，〈開皇天寶之間人口的分布與變遷〉，收入洪煥椿主編，《大學中國史論文選讀》第二冊（江蘇：古籍出版社，1987年6月第一次印刷），頁15～16。

表十：大業五年戶口地理分布表

地　　區	相當于唐道別	戶　　數	面積（km²）	密　度（戶／km²）	密度次序	占全國總戶數百　分　比
河南諸郡	河南道	2,721,272	299,390	9.06	1	29.9
河北諸郡	河北道	2,163,345	240,000	9.01	2	23.8
關中諸郡	關內道	904,502	404,340	2.24	5	10.0
河東諸郡	河東道	852,001	169,730	5.02	3	9.4
巴漢諸郡	山南道	727,009	333,750	2.18	6	8.0
淮南諸郡	淮南道	452,976	146,560	3.09	4	5.0
嶺南諸郡	嶺南道	367,365	475,400	0.77	8	4.1
嶺蜀諸郡	劍南道	360,184	172,340	2.09	7	4.0
江表沅湘諸郡	江南道	357,819	729,280	0.49	9	3.9
隴右諸郡	隴右道	171,241	978,000	0.20	10	1.9
合　　計		9,077,714	3,938,800	2.30		100

註：本表採自胡道修，〈開皇天寶之間人口的分布與變遷〉，頁17。

表十一：大業五年戶口密度分布表

地區	每平方公里六戶以上郡				合計
	35戶以上	20～35戶	12～20戶	6～12戶	
河北	清河	武陽、平原、趙、信都、武安、汲	襄國、恒山、博陵、魏	渤海、河間	13
河南		東郡、濟北	滎陽、潁川、河南、襄城、濟陰、東平、齊、北海、河內、梁、淮陽	汝南、譙、魯、陳、高密	18

地區					合計
河東			河東	太原、絳、臨汾、文城、西河、上黨	7
關中			京兆	馮翊、扶風、北地、安定	5
隴右					
岷蜀				蜀、金山	2
巴漢				淮安、南陽、漢東、春陵、襄陽、竟陵	6
淮南				義陽、安陸	2
江南					
嶺南					
總計	1	8	17	27	53

地區	六萬戶以上郡				合計
	20 萬戶以上	15～20 萬戶	6～15 萬戶	6～10 萬戶	
河北	清河、武陽	恒山、河間、信都	趙、汲、平原、魏、武安、渤海、襄國、博陵	涿	14
河南	河南	潁川、滎陽、梁、汝南、齊	北海、濟陰、河內、彭城、淮陽、魯、東、濟北、襄城	譙、高密、東萊、汝陽、東平、琅邪	21
河東		河東、太原	上黨	絳、臨汾、西河	6
關中	京兆			馮翊、扶風、安定、北地	5
隴右					
岷蜀			蜀		1
巴漢				襄陽、南陽	2
淮南			江都	安陸	2
江南					
嶺南					
總計	4	10	20	17	51

註：本表採自胡道修，〈開皇天寶之間人口的分布與變遷〉，頁19。

表十二：大業貞觀戶口地理分布比率比較表

地　　區	隋大業戶	唐貞觀戶	增減百分比（隋為 100）	占全國戶數百分比（隋）	占全國戶數百分比（唐初）
劍 南 道	360,184	573,754	160.0	4.0	19.1
江 南 道	357,819	404,939	113.2	3.9	13.5
關 內 道	904,502	396,060	43.8	10.0	13.2
河 北 道	2,163,345	349,748	16.2	23.8	11.6
嶺 南 道	367,365	327,000	89.0	4.1	10.9
河 南 道	2,721,272	305,703	11.2	29.9	10.2
河 東 道	852,001	271,199	31.8	9.4	9.0
山 南 道	727,009	233,183	32.0	8.0	7.8
淮 南 道	452,976	91,091	20.1	5.0	3.0
隴 右 道	171,241	55,956	32.7	1.9	1.9
南方五道小計	2,265,353	1,629,967	71.9	25.0	54.2
北方五道小計	6,812,361	1,378,666	20.2	75.0	45.8
合　　計	9,077,714	3,008,633	32.7	100.0	100.0

註：本表採自胡道修，〈開皇天寶之間人口的分布與變遷〉，頁 24。

表十三：貞觀中戶口密度分布表

地　區	二萬戶以上州府				小計
	20 萬戶以上	10～20 萬戶	5～10 萬戶	2～5 萬戶	
河北道				魏、邢、洺、恒、深、趙、滄、定、瀛、幽	10
河南道			汴	陝、懷	3
河東道			并	蒲、晉、汾、潞	5
關內道	京　兆		同	岐	3
隴右道					
劍南道		益		嘉、眉、戎、資、巂、梓、綿、劍、普	10
山南道				隆（閬）	1

淮南道				揚	1
江南道				潤、常、杭、越、婺、宜	6
嶺南道				桂、貴	2
總　　計	1	1	3	36	41

註：本表採自胡道修，〈開皇天寶之間人口的分布與變遷〉，頁25。

表十四：貞觀十三年與天寶元年戶口增減表

地　　區	貞觀十三年戶口	天寶元年戶口	增減率（貞觀為100）	遞增年率（‰）	年率順序	面積（km²）	天寶戶口密度（戶口／km²）	密度順序
京畿道	322,604 戶 1,417,309 口	538,497 戶 3,095,131 口	167 218	4.9 7.5	11	47,560	11.3 65.3	1
關內道	73,456 319,721	277,501 1,533,715	378 480	12.9 15.2	6	356,780	0.78 4.3	12
都畿道	73,938 320,306	427,113 2,323,094	314 356	11.1 12.3*	7	42,520	10.0 54.5	2
河南道	231,765 955,824	1,423,475 8,777,364	602 909	17.4 21.5	1	256,890	5.5 34.2	4
河東道	271,199 997,493	630,511 3,823,227	202 331	6.8 11.6	10	169,730	3.7 22.5	6
河北道	349,748 1,519,312	1,556,858 10,201,223	445 671	14.5 18.5	2	240,030	6.5 42.5	3
隴右道	55,956 198,222	138,228 615,292	247 310	8.7 11.0	9	978,000	0.14 0.6	15
山南西道	144,329 701,787	340,239 1,074,532	236 153	8.3 4.1	12	126,520	2.7 8.5	10
山南東道	88,854 425,237	300,418 1,446,844	338 340	11.8 11.8	8	207,230	1.4 7.0	11
淮南道	91,091 401,337	418,674 2,451,670	460 611	14.8 17.6	4	146,560	2.7 14.7	8
江南東道	219,720 1,121,825	1,161,770 6,982,116	498 597	15.5 17.4	3	260,300	4.4 26.8	5
江南西道	152,543 711,135	626,162 3,889,550	410 547	13.7 16.5	5	382,480	1.6 10.2	9

黔中道	32,676 125,550	29,686 160,314	86 122	−15 1.9	1.5	120,000	0.25 1.3	14
劍南道	573,754 2,500,164	851,707 4,013,162	148 161	3.8 4.6	13	186,730	4.6 21.5	7
嶺南道	327,000 620,164	356,691 971,336	109 156	0.84 4.3	14	416,870	0.86 2.3	13
北　方 七　道	1378,666 5,728,197	4,992,183 30,369,046	362 530	12.4 16.2		2,091,500	2.4 14.5	
南　方 八　道	1,629,967 6,607,780	4,085,347 20,990,024	251 318	8.9 11.2		1,847,200	2.2 11.4	
合　計	3,008,633 12,335,977	9,077,530 51,359,070	302 416	10.7 13.8		3,938,700	2.3 13.0	

＊：都畿道河南府缺貞觀戶、口數、增減率、年率不含河南府、福州、泉州等亦同。

註：本表採自胡道修，〈開皇天寶之間人口的分布與變遷〉，頁31。

表十五：天寶元年人口密度分布表

地區	每平方公里30人以上州府				小計
	160人以上	100～160人	60～100人	30～60人	
河北	魏	貝、洺、冀、深、德、瀛、莫	博、相、趙、定	邢、恆、衛、滄、棣、易	18
河南		滑、濮、曹	鄭、懷、汴、許、宋	河南、陝、陳、亳、鄆、濟、齊、青、淄、兗	18
河東		蒲	汾	晉、絳、太原、潞	6
關內			京兆、華	同、岐、邠、寧	6
隴右					
劍南	益、蜀	彭	漢	眉、邛、簡、梓、綿	9
山南					
淮南				滁	1
江南			潤、常、湖、杭、越、婺	蘇、睦、衢、明、台	11
嶺南					
合計	3	12	19	35	69

地區	30 萬人以上州府				小計
	90 萬人以上	60～90 萬人	45～60 萬人	30～45 萬人	
河北	魏	貝、洺、冀、德、瀛、滄	相、定	深、莫、博、趙、邢、恒、幽	16
河南	河南	曹、宋、毫	汴、許、豫、兗、徐	滑、鄭、懷、濮、齊、青	16
河東		太原	蒲、絳	晉、汾、潞	6
關內	京兆			同、岐	3
隴右					
劍南	益			彭、蜀、漢	4
山南					
淮南			揚		1
江南		潤、常、婺、蘇、宜	湖、杭、越、台	睦、洪、吉	12
嶺南					
合計	4	15	14	25	58

註：本表採自胡道修，〈開皇天寶之間人口的分布與變遷〉，頁 32。

表十六：大業貞觀天寶年間各道戶口增減百分比表

道　別	大　業	貞　觀	天　寶	道　別	大　業	貞　觀	天　寶
京　畿	100	67.0	111.9	山南西	100	95.8	225.8
關　內	100	17.7	66.9	山南東	100	15.4	51.9
都　畿	100	16.9	70.5	淮　南	100	20.1	92.4
河　南	100	11.0	67.3	江南東	100	139.4	737.1
河　北	100	16.2	72.0	江南西	100	80.3	329.1
河　東	100	31.8	74.0	黔　中	100	318.8	289.0
隴　右	100	32.7	80.8	劍　南	100	160.0	237.5
北方七道	100	20.2	73.3	嶺　南	100	89.0	97.1
				南方八道	100	71.9	180.3

註：本表採自胡道修，〈開皇天寶之間人口的分布與變遷〉，頁 36。

汴、宋、亳、穎四川，隋時分別為滎陽郡之浚儀縣、梁郡、譙郡、穎川郡〔註53〕，汴州地位在隋代行政區劃上似並未受到特別的重視，蓋當時重北輕南，政府財政收入並不完全依賴江淮故也〔註54〕。大業末，群盜蠭起〔註55〕，王要漢據汴州、王世充據洛陽、李密據鞏，俱是政治中心或財賦要地，唐欲東出以爭關東則須先收服此區。李密原屬東郡賊帥翟讓，曾建議讓取滎陽以為兵食之資〔註56〕。及李密自行割據，則與王世充爭洛口倉、含嘉倉、興洛倉、迴洛倉、黎陽倉〔註57〕，然在河南割據群雄中最具關鍵性的當為王要漢。武德元年（618）九月，李密為王世充所敗，以眾降唐，唐高祖遣夏侯端為河南道招慰使，「至黎陽，李勣發兵送之，自澶水濟河，傳檄郡縣，東至于海，南至于淮，二十餘州，並遣使送款。行次譙州，會亳州刺史丁叔則及汴州刺史王要漢並以所部降於世充，路遂隔絕。」〔註58〕直到武德三年（620）十月，王要漢降，此一河運要區，始歸於唐，高祖亦以王要漢為汴州總管，以牽制王世充，世充失此要區，明年（621）五月，為李世民所平〔註59〕。武德時天下未定，權置州郡頗多，至貞觀時天下一統，遂於十三年（639）重新規劃行政區域，凡州府三百五十八，縣一千五百五十一〔註60〕。州置刺史，縣置縣令。

刺史、縣令為親民之官，漢宣帝云：與我共治天下，其良二千石乎。全國統一，自須重新規劃行政區域。按唐制，戶滿四萬以上為上州，二萬以上為州，戶不滿二萬為下州〔註61〕。太宗初即位，勵精圖治，極重牧守之選

〔註53〕見《隋書》，卷三十〈地理中〉，頁835～838。

〔註54〕見《隋書》，卷二十四〈食貨志〉，頁638載：隋文帝於開皇三年（583）「於衛州置黎陽倉、洛州置河陽倉、陝州置常平倉、華州置廣通倉，轉相灌注。漕關東及汾、晉之粟，以給京師。」

〔註55〕見《新唐書》，卷一〈高祖本紀〉，頁3。

〔註56〕《舊唐書》，卷五十三〈李密傳〉，頁2210載：「密又說讓曰：『今兵眾既多，糧無所出，若曠日持久，則人馬困弊，大敵一臨，死亡無日矣！未若直取滎陽，休兵館穀，待士勇馬肥，然後與人爭利。』讓以為然。自是破金隄關，掠滎陽諸縣城堡，多下之。」

〔註57〕同前註引書，同卷，頁2211～2220。

〔註58〕見《舊唐書》，卷一八七上〈忠義上〉，夏侯端，頁4864。

〔註59〕見《新唐書》，卷一〈高祖本紀〉，頁14；另見《資治通鑑》，卷一八八〈唐紀四〉，高祖武德三年十月條，頁5894。

〔註60〕見《新唐書》，卷三十七〈地理一〉，頁959。

〔註61〕見《舊唐書》，卷四十四〈職官三〉，頁1917～1918。唐對州縣之分併，亦有規定，武后改元光宅詔云：「……隆平日久，戶口滋多，物務既煩，欺隱斯眾。

任，嘗謂：「『然治人之本，莫如刺史最重也。朕故屏風上錄其姓名，坐臥常看，在官如有善惡事跡，具列於名下，擬憑黜陟。縣令甚是親民要職，……』乃詔內外五品已上，各舉堪爲縣令者，以名聞。」〔註62〕是以州縣無不率理。另唐制規定，地方長官四年一考，亦望其著有治績〔註63〕，君主雖重地方上之親民官，但在中央任職，則有種種方便，因而人多樂在京師爲官。「逮貞觀之末，升平既久，群士多慕省閣，不樂外任。」〔註64〕在貞觀十一年（637）八月，侍御史馬周已指出此一現象：「今朝廷獨重內官，刺史縣令，頗輕其選，刺史多是武夫勳人，或京官不稱職，方始外出，邊遠之處，用人更輕，所以百姓未安，殆由於此。」〔註65〕其後武后當政，陳子昂、劉知幾、李嶠均曾上書亟言其弊。李嶠云：「……比來所遣外任，多是貶累之人，風俗不澄，實由於此。……」〔註66〕劉知幾建議刺史至少應到任三年以上方准調職〔註67〕，然收效不大，任職中央，仍爲群士之鵠的，具時間愈晚，此現象愈明顯。各地區之行政首長任期亦頗不一致，都城及鄰近州府與水陸通衢大邑，流動性較高，多爲京官要員出任，可謂京官迴翔之地。邊遠地區則流動性較低，任期較長，現在研究，其中亦可能有資料不充分之故，亦或有可能長期懸缺〔註68〕。茲試將唐代前期部分州府長官任期表列出，亦可見其

其上州三萬戶已上，大縣萬戶已上，各宜析出，別置州縣。……」（《唐大詔令集》，卷三〈帝王〉，改元上，頁16）

〔註62〕見《唐會要》，卷六十八〈刺史上〉，頁1197；另見《資治通鑑》，卷一九三〈唐紀九〉，太宗貞觀二年條，頁6060。

〔註63〕《唐會要》，卷六十九〈刺史下〉，頁1213載玄宗先天二年七月二十四日勅：「自今已後，都督刺史，每欲赴任，皆引面辭，朕當親與疇咨，用觀方略，至任之後，宜待四考滿，隨事褒貶，與之改轉。」此後寶應二年規定刺史三年，縣令四年方得改轉；貞元元年規定，刺史縣令滿三年始得改移；貞元六年又規定，刺史縣令以四考爲滿；會昌六年亦規定考滿三年始得改轉；大中元年亦規定滿三十六個月方得更換。（以上均見《唐會要》，卷六十九〈刺史下〉，頁1209～1221）

〔註64〕見《通典》，卷三十三〈職官十五〉，頁188。

〔註65〕見《唐會要》，卷六十八〈刺史上〉，頁1197。

〔註66〕同前註引書，同卷，頁1198。

〔註67〕同前註引書，同卷，同頁載天授二年獲嘉縣主簿劉知幾之言曰：「……今之牧伯，有異於是，倏來忽往，蓬轉萍流，近則累月仍遷，遠則踰年必徙。將廳事爲逆旅，以下車爲傳舍，或云來歲入朝，必應改職，或道今茲會計，必是移藩。既懷苟且謀，何假循良之績！……臣望自今已後，刺史非三歲已上，不可遷官。……」

〔註68〕《唐會要》，卷六十九〈州府及縣加減官〉，頁1225載：「（貞元三年）五月，

差異性。（見表十七）

表十七：唐代前期（618～755）部分州府長官任期表

道　別	州府別	刺史人數	平均每人任期年數	備　　註
京畿道	京兆府	74	1.86	
	華　州	43	3.20	
	同　州	60	2.30	
	岐　川	62	2.22	
	邠　州	20	6.90	資料不全
關內道	坊　州	23	6.00	資料不全
	鄜　府	35	3.94	
	丹　州	15	9.20	資料不全
	延　州	23	6.00	資料不全
	寧　州	13	10.61	資料不全
	慶　州	18	7.66	資料不全
	涇　州	26	5.30	資料不全
	原　州	18	7.66	資料不全
	隴　州	25	5.52	資料不全
	夏　州	26	5.30	資料不全
	靈　州	35	3.94	
	鹽　州	9	15.33	資料不全
都畿道	東　都	48	2.87	
	河南府	77	1.79	
	陝　州	57	2.42	
	懷　州	43	3.20	
	鄭　州	46	3.00	
	汝　州	39	3.53	
河南道	汴　州	55	2.50	
	宋　州	41	3.36	

宰相張延賞奏曰：『爲政之本，必先命官，舊制官員，繁而且費，川縣殘破，職此之由也，臣在荊南，所管州縣關官員者，不下十數年，吏部未嘗補授，但令一官假攝，公事亦治，以此言之，官員可減，無可疑也。請減官員，收其祿俸，以資募士。』從之。」

	亳　州	33	4.18	
	穎　州	11	12.54	資料不全
	虢　州	34	4.05	
	許　州	33	4.18	
	陳　州	32	4.31	
	豫　州	37	3.72	
	徐　州	33	4.18	
	泗　州	21	6.57	缺高宗時資料
	滑　州	32	4.31	
	鄆　州	18	7.66	資料不全
	濮　州	22	6.27	資料不全
	曹　州	27	5.11	資料不全
	青　州	35	3.94	
	萊　州	13	10.61	資料不全
河東道	太原府	79	1.74	
	蒲　州	63	2.19	
	絳　州	40	3.45	
	澤　州	28	4.92	資料不全
	汾　州	43	3.20	
	沁　州	14	9.85	資料不全
河北道	魏　州	65	2.12	
	相　州	55	2.50	
	衛　州	31	4.45	
	貝　州	31	4.45	
	滄　州	25	5.52	資料不全
	德　州	28	4.92	資料不全
	幽　州	53	2.60	
淮南道	揚　州	75	1.84	
	楚　州	17	8.11	資料不全
	舒　州	18	7.66	資料不全
	和　州	25	5.52	資料不全
	濠　州	10	13.80	資料不全

註：本表係依據郁賢皓編，《唐刺史考》所列出各州之刺史人數計算，未之任者不計入。本表係取樣說明，故只列出部分州之資料。

地方長官任期既然很短，欲有大建設亦屬不易，如遇品行不良之地方官，則民受其殃，因此唐政府又派按察使、巡察使，「察吏人善否，觀風俗得失。」〔註69〕貞觀十八年遣十七道巡察，貞觀二十年遣二十二人以六條巡察四方，垂拱元年降九道大使巡察天下，天授二年發十道存撫使，景龍三年置十道按察使分察天下，至開元八年復置十道按察使，然其效果究竟有限，因「縱其發使廉問，暫往速還，假申今冤，卻招後患，各思鉗口，無敢率心。」〔註70〕至開元二十一年（733）分天下爲十五道，每道置採訪使，檢察非法，如漢刺史之職，開元二十二年李道堅爲汴州刺史兼河南道採訪使，自後終玄宗之世，汴州刺史均兼河南道採訪使（見表十八）。唐至玄宗時已經百餘年，對江淮財賦之倚重日趨明顯，汴州爲水陸之會，糧運要道，爲姦利所聚，巧僞所生，宜乎置河南道採訪使於此。

表十八：唐代汴州刺史表（618～755）

任　　　期	姓　　名	任前經歷（或他官兼守）	與中央關係	備　　註
武德四年～五年（621～622）	王要漢	割劇群雄	中央派任	
武德中	長孫敞	宗正少卿	中央派任	
貞觀中	封言道	汝州刺史	中央派任	
貞觀中	黃察		中央派任	
貞觀中	狄孝緒	尙書左丞	中央派任	
永徽初	房遺直	禮部尙書	中央派任	
高宗時	唐敏	延、濮、青州刺史	中央派任	
約高宗時	裴律師			駙馬
高宗時	溫瑜	祠部郎中	中央派任	
高宗末	楊德幹	澤、齊州刺史	中央派任	
天授元年（690）	柳明肅		中央派任	
聖曆元年（698）	李道廣	宰相	中央派任	
武后時	武懿宗	殿中監	中央派任	

〔註69〕見《唐會要》，卷七十七〈諸使上〉，頁1414。巡察按察巡撫等使，萬歲通天元年，鳳閣舍人李嶠上書。
〔註70〕同前註引書，同卷，頁1415，開元元年二月禮部侍郎張庭珪上疏。

武后時	武重規		中央派任	
武后時	皇甫知常	懷州刺史	中央派任	
武后時	程處弼	右金吾將軍	中央派任	
武后時	崔民英	大中大夫	中央派任	
武后時	姚珽	定州刺史	中央派任	
長安中	蘇瓌	歙州刺史	中央派任	
長安四年（704）	韋嗣立	宰相	中央派任	帶本官檢校
中宗時	張涉	殿中監	中央派任	
景雲元年（710）	鄭愔	宰相	中央派任	
景雲元年～二年（710～711）	崔日用	婺州刺史	中央派任	
景雲二年～延和元年（711～712）	王志愔	齊州刺史（河南道按察使）	中央派任	
開元四年（716）	倪若水	尚書右丞（河南採訪使）	中央派任	
約開元五、六年間（約717～718）	李暠	汝州刺史	中央派任	
開元七年（719）	狄光嗣		中央派任	
開元七、八年？（719～720？）	任昭理	荊州長史	中央派任	
開元十二年～十三年（724～725）	齊澣		中央派任	
約開元十四年（約726）	張廷珪（庭）	魏州刺史	中央派任	
約開元十五年（約727）	蔣欽緒	吏部侍郎	中央派任	
開元十六年（728）	宇文融	魏州刺史	中央派任	
開元十九年？～二十年（731？～732）	嚴挺之	濮州刺史	中央派任	
開元二十二年～二十三年（734～735）	李道堅	國子祭酒（河南道採訪使）	中央派任	
約開元二十四年（約736）	宋遙	魏州刺史	中央派任	
開元二十六年（738）	盧見義？		中央派任	
約開元末期	皇甫翼	尚書右丞（河南道採訪使）	中央派任	

開元末	列 胐	左金吾將軍	中央派任	
開元二十七年～天寶元年（739～742）	齊 澣	（河南採訪使）	中央派任	
天寶元年（742）	裴 寬	（河南道採訪使）	中央派任	
約天寶元年～二年（約743～744）	張利貞	御史中丞（河南道採訪處置使）	中央派任	
天寶三載（744）	李彥允	（陳留採訪大使）	中央派任	
天寶四載？（745？）	徐 憚	御史中丞（河南採訪）	中央派任	
約天寶五載（約746）	韋 陟	襄陽太守兼採訪使	中央派任	
天寶六載？（747？）	薛江童	（河南採訪使）	中央派任	
約天寶七、八載（約748～749）	陸景融	襄陽郡太守兼採訪使	中央派任	
天寶九載～十二載（750～753）	元彥冲	（河南道採訪處置使）	中央派任	
天寶十二載（753）	王 濬	（河南道採訪處置使）	中央派任	
天寶十四載（755）	李 某	（河南道採訪處置使）	中央派任	
天寶十四載（755）	郭 納	（採訪使）	中央派任	
天寶十四載（755）	張介然	衛尉卿（河南節度採訪使）	中央派任	

註：本表據郁賢皓，《唐刺史考》編成。

地方政事繫之刺史，通濟渠所過州郡刺史太守，亦多出身良好，經驗豐富者（見表十九～表二十一）。隨著政府對江淮財賦的依賴，刺史之選任益顯慎重，而轉運使人選更是中外矚目。轉運使只是唐政府統籌漕運事業而設立的一個臨時差遣性質的使職，隨著漕運業的發達，轉運使的權力也日益增大，最後成了掌管財政的顯要職務。由於唐初祿廩數少，漕運量少，轉運之事由尚書省戶部下之度支和水部郎中即可處理。只有當京師出現糧荒時才派遣臨時兼管漕運官員，加上「知水運」、「運職」等頭銜〔註71〕，其後由於國家機構漸趨龐大，官吏人數日益增加，政府開支越來越大，爲了支付官俸和兵資，於開元二年以河南尹李傑爲水運使，大興漕事〔註72〕。開元二十二年（733）又以黃門侍郎、同中書門下平章事裴耀卿充江淮、河南轉運都使，以鄭州刺

〔註71〕見《舊唐書》，卷四十九〈食貨下〉，頁2113。
〔註72〕見《唐會要》，卷八十七〈轉運鹽鐵總敍〉，頁1587。

史崔希逸、河南少尹蕭旻為副〔註73〕。嗣後，設使的地區也不斷的在擴大，由原來的洛陽到陝州擴大到整個河南，最後由東南運河地區擴大到黃河、汾水和江淮漢沔等地〔註74〕。總而言之，當唐代前期（618～755）政府有力量時，不論是地方長官或中央官之任免全由政府控制，宣武節度使轄區之四州地位只得由每年漕運量加以理解，亦即其重要性不如唐代後期顯著。

表十九：唐代宋州刺史表（618～755）

任　　　　期	姓　名	任前經歷 （或他官兼守）	與中央關係	備　註
武德元年（618）	郭孝恪		中央派任	
約武德二、三年（約619～620）	陳寶遇	王世充將	中央派任	
武德四年～五年（621～622）	盛彥師	從太宗征戰	中央派任	
約貞觀中	破六韓蕃		中央派任	
貞觀十一年（637）	房玄齡	尚書左僕射	中央派任	
約貞觀中	崔　幹		中央派任	
貞觀中	封言道		中央派任	尚高祖女淮南長公主
貞觀二十一年（647）	王波利		中央派任	
貞觀二十一年～二十三年 （647～649）	李元名	滑州刺史	中央派任	宗室舒王
貞觀中	皇甫烜		中央派任	
顯慶三年～龍朔三年（658～663）	李　鳳		中央派任	宗室虢王
高宗時	房先忠	銀青光祿大夫	中央派任	女為章懷太子妃
高宗時？	韋　穎		中央派任	
高宗時	權懷恩	慶、萊、衛、邢四州刺史、洛州長史	中央派任	
高宗末	高　昱	中大夫	中央派任	
武后時	史　晡 （晙）		中央派任	

〔註73〕同註71，頁2115～2116。
〔註74〕見楊希義，〈略論唐代的漕運〉，收入《中國史研究》1984年第二期，頁58。

武后時	李 琨	淄、衛州刺史	中央派任	
約武后時	李 莊		中央派任	宗室
長安中	郭待聘		中央派任	
約神龍時	鄭邠卿		中央派任	
神龍末～景龍元年（約706～707）	姚 崇	亳州刺史	中央派任	
約景龍初～三年（約707～709）	尹正義	度支郎中、許、相州刺史	中央派任	
景龍四年（710）	韋嗣立	兵部尚書	中央派任	貶官
景雲元年（710）	趙彥昭		中央派任	
先天二年（713）	劉知柔	荊、揚、曹、益等州長史	中央派任	
約開元三、四年（約715、716）	蕭 嵩	中書舍人	中央派任	
約開元五、六年（約717、718）	崔慎先		中央派任	
開元七年（719）	張廷珪（庭）	沔、蘇州刺史、禮部侍郎	中央派任	
開元十三年～十五年（725～727）	寇 泚		中央派任	
開元十七年（729）	司馬銓（詮）	慈、仙州刺史	中央派任	
開元二十七年（739）	劉 彤		中央派任	
玄宗時	馬光淑	左司郎中	中央派任	
天寶元年～三載（742～744）	李少康		中央派任	
天寶三載～五載（744～746）	裴 寬		中央派任	貶官
天寶中	姚 奕	禮部侍郎、尚書右丞	中央派任	
約天寶八載（約749）	張九皋	唐、徐州刺史	中央派任	
天寶八載～十載（749～751）	路齊暉	徐州刺史	中央派任	
天寶十載？～十二載？（751？～753？）	王 璿	唐州刺史	中央派任	
天寶十二載～十四載（753～755）	李 峘	考功郎中	中央派任	
天寶十四載～至德二載（755～757）	許 遠		中央派任	

　　註：本表據郁賢皓，《唐刺史考》編成。

表二十：唐代亳州刺史表（618～755）

任　　期	姓　名	任前經歷（或他官兼官）	與中央關係	備　註
武德五年～八年（622～625）	蘭　謨	太子左衛率	中央派任	
貞觀中？	李　檀		中央派任	
貞觀中？	于　哲		中央派任	
貞觀中？	杜安期		中央派任	
貞觀中？	徐　康		中央派任	
貞觀十六年（642）	裴思莊		中央派任	
貞觀末	張文琮	持書侍御史	中央派任	
高宗初	韓　倫	金紫光祿大夫	中央派任	
高宗時	鄭仁愷	密州刺史	中央派任	
高宗時？	崔仲立		中央派任	
高宗時？	樊思孝		中央派任	
武后時	裴　貞	殿中少監	中央派任	
武后時	沈伯儀	嘉、婺州刺史	中央派任	
武后時？	崔神鼎		中央派任	
武后時？	崔　揣		中央派任	
長安末～神龍元年（？～705）	李　愻	貝州刺史	中央派任	
神龍元年（705）	姚　崇	宰相	中央派任	
神龍二年（706）	桓彥範	洺州刺史	中央派任	
睿宗時	韓令英		中央派任	
開元初	楊慎交			駙馬
開元六年（718）	蕭　憲		中央派任	
開元前期？	裴　恪		中央派任	
開元前期	王同人		中央派任	
約開元十年（約722）	高　懲	澤州刺史	中央派任	
開元十三年（725）	王同晊	太子左庶子	中央派任	
開元十九年（731）	李行正		中央派任	
開元二十年（732）	王　某		中央派任	
開元二十三年前後（735前後）	李昇朝		中央派任	

開元二十六年（738）	趙多曦		中央派任	
開元二十九年（741）	鄭愿		中央派任	
開元天寶間？	盧重明			
天寶十四載（755）	楊萬石		中央派任	

註：本表據郁賢皓，《唐刺史考》編成。

表二十一：唐代泗州刺史表（618～755）

任　　　　　期	姓　名	任前經歷 （或他官兼守）	與中央關係	備　註
武德四年（621）	夏侯雄	邢部郎中？	中央派任	
貞觀初	房彥謙	徐州刺史	中央派任	
貞觀中	薛大鼎		中央派任	
約貞觀中	崔公禮		中央派任	
天授二年前（691 前）	趙本質	大中大夫	中央派任	
約證聖～神功年間（約 695～697）	許撝	龍州刺史	中央派任	
約聖曆間（約 698～700）	李瑟	洪州都督府長史	中央派任	
中宗時？	張繼本		中央派任	
景龍中	杜某		中央派任	
景雲中	裴撝		中央派任	
開元四年（716）	蘇晉		中央派任	
開元十六年（728）	王同人	尚書工部員外屯田郎中	中央派任	
約開元十六年～十九年（約 728～731）	李孟犨	虞部員外郎	中央派任	
開元中	盧暕			
開元二十六年（738）	王弼		中央派任	
開元中	韋繩	監察御史	中央派任	
開元中	李裕		中央派任	
開元中	魏晃		中央派任	
開元中	于光嗣		中央派任	
天寶中	權寅獻		中央派任	
天寶中（755）	范多芬		中央派任	

註：本表據郁賢皓，《唐刺史考》編成。

第四章 藩鎮割據時期（肅宗～憲宗）的宣武軍節度使

第一節 安史之亂時期的汴宋毫潁四州

一、安史之亂的背景

　　安祿山叛亂的基礎在河北，中古時代河北地區物阜民豐，習俗勇悍，自五胡之亂始，即爲北方政權爭奪之要區。隋唐統治階級起自武川，入據關隴，對山東河北地區既懼且怕，心存歧視，前輩學者陳寅恪、谷霽光等已有詳論。唐代前期討伐高麗、東突厥、奚、契丹，戰區在東北、河北地區，此一地區受禍最深。又自魏晉南北朝以來，胡人入居中國北部日益增多，加上隋唐統治階層皆是胡化甚深的漢人，不嚴夷夏之防，致使河北地區成爲一「混雜之胡化區」（陳寅恪語），因此，唐代政權愈中央化，河北地區人民對長安政府的離心力亦愈強烈。

　　安祿山叛亂的背景相當複雜，英人普立本（E. G. Pulleyblank）〔註1〕早有專書出版，茲爲方便本文說明，仍予以大略敘述。

　　唐都關中，外患來自西、北方，雖然唐統一天下，國內無重大戰爭，外戰卻是很少停止過，太宗時討東突厥、西域、伐高麗，高宗時吐蕃崛起，從此西北邊境無寧日，武后時東突厥復興，突厥首領阿史那默啜與契丹、奚首

〔註1〕見 Pulleyblank, E. G. *The Background of the Rebellion of An Lu-Shan*. Taipei, Rainbow-Bridge Book Co., Reprinted, 1966, P.264。

領聯合叛亂，武后撫剿兼施均告無效，直到開元四年，默啜死於討伐拔曳固之役，始告一段落。嗣後奚、契丹，叛服無常，玄宗爲全力對付抱有領土野心的吐蕃，把東北地區的防務交給了胡人鎮將安祿山，玄宗謂楊國忠等曰：「祿山，朕推心待之，必無異志，東北二虜，藉其鎮遏，朕自保之，卿等勿憂也。」〔註2〕陳寅恪先生亦云：「夫此區域之民族既已脫離漢化，而又包括東北及西北之諸胡種，唐代中央政府若欲羈縻統治而求一武力與權術兼具之人才，爲此複雜胡族方隅之主將，則柘羯與突厥合種之安祿山者，實爲適應當時環境之唯一上選也。玄宗以東北諸鎮付之祿山，雖尚有他故，而祿山之種性與河朔之情勢要必爲其主因，豈得僅如舊史所載，一出於李林甫固位之私謀而已耶？」〔註3〕

　　唐代重用胡人，亦與府兵制度破壞、募兵制度興起有關，從太宗開始至玄宗不斷的開邊，蕃將勇敢善戰，自爲最佳人選〔註4〕。且自從行募兵制後，當兵非義務，而爲職業，其素質自然低落〔註5〕。唐玄宗對邊將之倚重日甚，其外重內輕之勢已難變更。

　　內政方面，玄宗後期「自恃承平，以爲天下無復可憂，遂深居禁中，專以聲色自娛，悉委政事於（李）林甫。林甫媚事左右，迎合上意，以固其寵；杜絕言路，掩蔽聰明，以成其姦；妒賢疾能，排抑勝己，以保其位；屢起大獄，誅逐貴臣，以張其勢。自皇太子以下，畏之側足。凡在相位十九年，養

〔註2〕　參見《資治通鑑》，卷二一七〈唐紀三十三〉，玄宗天寶十四載二月條，頁6930。

〔註3〕　陳寅恪，〈唐代政治史述論稿〉，收入《陳寅恪先生論文集》上冊，頁199。

〔註4〕　《資治通鑑》，卷二一六〈唐紀三十二〉，玄宗天寶六載十二月條，頁6888～6889載：「自唐興以來，邊帥皆用忠厚名臣，不久任，不遙領，不兼統，功名著者往往入爲宰相。其四夷之將，雖才略如阿史那社爾、契苾何力猶不專大將之任，皆以大臣爲使以制之。及開元中，天子有吞四夷之志，爲邊將者十餘年不易，始久任矣；皇子則慶、忠諸王，宰相則蕭嵩、牛仙客，始遙領矣；蓋嘉運、王忠嗣專制數道，始兼統矣。李林甫欲杜邊帥入相之路，以胡人不知書，乃奏言：『文臣爲將，怯當矢石，不若用寒畯胡人，胡人則勇決習戰，寒族則孤立無黨，陛下誠以恩洽其心，彼必能爲朝廷盡死。』上悅其言，始用安祿山，至是諸道節度盡用胡人，精兵咸戍北邊，天下之勢偏重，卒使祿山傾覆天下，皆出於林甫專寵固位之謀也。」

〔註5〕　《資治通鑑》，卷二一六〈唐紀三十二〉，玄宗天寶八載夏四月條，頁6895載：「其彍騎之法，天寶以後，稍亦變廢，應募者皆市井負販、無賴子弟，未嘗習兵。時承平日久，議者多謂中國兵可銷，於是民間挾兵器者有禁；子弟爲武官，父兄擯不齒。猛將精兵，皆聚於西北，中國無武備矣。」

成天下之亂，而上不之寤也。」〔註6〕天寶十一載（752）十一月丁卯，李林甫卒，楊國忠繼任宰相，「國忠為人強辯而輕躁，無威儀。既為相，以天下為己任，裁決機務，果敢不疑；居朝廷，攘袂扼腕，公卿以下，頤指氣使，莫不震慴。自侍御史至為相，凡領四十餘使。」〔註7〕「又專判度支、吏部三銓，事務鞅掌，但署一字，猶不能盡，皆責成胥吏，賄賂公行。」〔註8〕玄宗晚期在李、楊二人相繼專政之下，朝政益壞，內外離心。另玄宗為支應龐大的軍費及財政開銷，重用聚斂之臣，如宇文融、韋堅、楊慎矜、王鉷，「或以括戶取媚，或以漕運承恩，或以聚貨得權，或以剝下獲寵。」〔註9〕故天寶八載（749）二月戊申，玄宗「引百官觀左藏，賜帛有差。是時州縣殷富，倉庫積粟帛，動以萬計。……上以國用豐衍，故視金帛如糞壤，賞賜貴寵之家，無有限極。」〔註10〕民亦罹其弊矣。

以安祿山本身而言，自天寶十載為河東節度使後，「兼領三鎮（范陽、平盧、河東），賞刑己出，日益驕恣。自以曩時不拜太子，見上春秋高，頗內懼；又見武備墮弛，有輕中國之心。孔目官嚴莊、掌書記高尚，因為之解圖讖，勸之作亂。」〔註11〕但亦由於「祿山陰有逆謀，於范陽北築雄武城，外示禦寇，內貯兵器，積穀為保守之計，戰馬萬五千匹，牛羊稱是。」〔註12〕此外復積極佈署人事，拉攏眾心，討好玄宗，收買中官〔註13〕，讓玄宗深信其忠

〔註6〕《資治通鑑》，卷二一六〈唐紀三十二〉，玄宗天寶十一載十一月條，頁6914。另見《舊唐書》，卷一○六〈李林甫傳〉，頁3235～3241。

〔註7〕見註6引《資治通鑑》同卷，頁6915。

〔註8〕見《舊唐書》，卷一○六〈楊國忠傳〉，頁3244。

〔註9〕見《舊唐書》，卷一○五〈宇文融等傳〉，頁3232。

〔註10〕參見《資治通鑑》，卷二一六〈唐紀三十二〉，玄宗天寶八載春二月條，頁6893。

〔註11〕見《資治通鑑》，卷二一六〈唐紀三十二〉，玄宗天寶十載二月條，頁6905。

〔註12〕見《舊唐書》，卷二○○上〈安祿山傳〉，頁5369。

〔註13〕同註12。載：「引張通儒、李庭堅、平洌、李史魚、獨孤問俗在幕下，高尚掌書記，劉駱谷留居西京為耳目，安守忠、李歸仁、蔡希德、牛庭玠、向潤客、崔乾祐、尹子奇、何千年、武令珣、能元皓、田承嗣、田乾真，皆拔於行間。每月進奉生口駝馬鷹犬不絕，人無聊矣。……楊國忠屢奏祿山必反。十二載，玄宗使中官輔璆琳覘之，得其賄賂，盛言其忠。……（十三載正月入朝）又請為閑廐、隴右群牧等都使，奏吉溫為武部侍郎、兼中丞，為其副，又請知總監事。既為閑廐、群牧等使，上筋腳馬，皆陰選擇之，奪得樓煩監牧及奪張文儼馬牧。」另《資治通鑑》，卷二一七〈唐紀三十三〉，玄宗天寶十三載二月丁丑條，頁6924載：「安祿山奏：『臣所部將士討奚、契丹、九姓、同羅等，動效甚多，乞不拘常格，超資加賞，仍好寫告身付臣軍

心，而祿山亦欲於玄宗崩後纔反，但楊國忠當政，力言祿山必反，並激怒之，安祿山遂以誅楊國忠爲名，舉兵犯闕〔註14〕，唐帝國從此步入衰運，漸至於亡。

二、雍丘、宋州攻防戰

天寶十四載（755）十一月甲子，安祿山反於范陽，「矯稱奉恩命以兵討逆賊楊國忠，以諸蕃馬步十五萬，夜半行，平明食，日六十里。以高尚、嚴莊爲謀主，孫孝哲、高邈、何千年爲腹心。天下承平日久，人不知戰，聞其兵起，朝廷震驚。」〔註15〕祿山起兵以後，因「河北皆祿山統內，所過州縣，望風瓦解，守令或開門出迎，或棄城竄匿，或爲所擒戮，無敢拒之者。」〔註16〕其勢如破竹，羽書紛至，玄宗猶不信，七日後（十一月庚午）玄宗始調兵遣將，但已無法抵擋其攻勢〔註17〕。二十一日後於滑州渡黃河，第二十六日，攻陷汴州，殺張介然，嗣後轉而西向，直取東京，第二十九日陷鄭州，第三十一日敗東都守將封常清於成皋，第三十二日，陷東京（見圖十四）。封常清退至陝州，與陝州守將高仙芝謀議，共退保潼關，「至潼關，

授之。』於是除將軍者五百餘人，中郎將者二千餘人。祿山欲反，故先以此收眾心也。」
〔註14〕《舊唐書》，卷一○六〈楊國忠傳〉，頁 3245 載：「時安祿山恩寵特深，總握兵柄，國忠知其跋扈，終不出其下，將圖之，屢於上前言其悖逆之狀，上不之信。是時，祿山已專制河北，聚幽、并勁騎，陰圖逆節，動未有名，伺上千秋萬歲之後，方圖叛換。及見國忠用事，慮不利於己，祿山遙領內外閑廐使，遂以吏部侍郎吉溫知留後，兼御史中丞、京畿採訪使，內伺朝廷動靜。國忠使門客蹇昂、何盈求祿山陰事，圍捕其宅，得李超、安岱等，使侍御史鄭昂縊殺於御史台。又奏貶吉溫於合浦，以激怒祿山，幸其搖動，內以取信於上，上竟不之悟。由是祿山惶懼，遂舉兵以誅國忠爲名。」
〔註15〕見《舊唐書》，卷二○○上〈安祿山傳〉，頁 5370。
〔註16〕見《資治通鑑》，卷二一七〈唐紀三十三〉，玄宗天寶十四載十一月條，頁6935。
〔註17〕《舊唐書》，卷九〈玄宗紀下〉，頁 230 載：「（天寶十四載）十一月……丙寅，范陽節度使安祿山率蕃、漢之兵十餘萬，自幽州南向詣闕，以誅楊國忠爲名，先殺太原尹楊光翽於博陵郡。壬申，聞於行在所。癸酉，以郭子儀爲靈武太守、朔方節度使。封常清自安西入奏，至行在。甲戌，以常清爲范陽、平盧節度使、兼御史大夫，令募兵三萬以禦逆胡。戊寅，還京。以羽林大將軍王承業爲太原尹，以衛尉卿張介然爲陳留太守、河南節度採訪使，以金吾將軍程千里爲潞州長史，並令討賊。甲申，以京兆牧、榮王琬爲元帥，命高仙芝副之，於京城召募，號曰天武軍，其軍十萬。丙戌，高仙芝等進軍，上御勤政樓送之。」

圖十四：唐代安史之亂圖

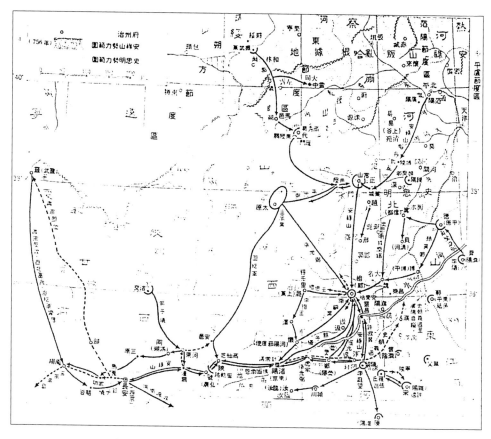

註：本圖採自《中國歷史地圖》（台北：中國文化大學出版）。

脩完守備，賊至，不得入而去。」〔註18〕時安祿山方謀稱帝，留東京不進，故朝廷得為之備。祿山陷陳留，以其將李庭望為節度使，守之；陷陝，以其將崔乾祐屯之；又以張通晤為睢陽（宋州）太守，與陳留長史楊朝宗將胡騎千餘東略地，郡縣官多望風降走。黃河以南郡縣：臨汝（汝州）、弘農（虢州）、濟陰（曹州）、濮陽（濮州）、靈昌（滑州）、滎陽（鄭州）、陝郡（陝州）等皆降於祿山，惟東平（鄆州）太守嗣吳王祗、濟南（齊州）太守李隨起兵拒祿山。單父縣（時屬宋州）尉賈賁帥吏民南擊睢陽，斬張通晤。李庭望原率兵欲東徇地，聞之，不敢進而還〔註19〕。楊朝宗只率千餘胡騎略地而

〔註18〕見《資治通鑑》，卷二一七〈唐紀三十三〉，玄宗天寶十四載十二月條，頁6939～6940。

〔註19〕同前註引書，同卷，頁6940。

各郡縣均棄城而走，直是爲安祿山叛軍之聲勢所懾，及至宋州受挫，方阻止了李庭望東窺之企圖。

安祿山留東京不進，南下受阻，黃河南北義兵紛起討賊，然多烏合之眾，素無訓練，不堪一擊，加上玄宗戰略錯誤，殺封常清、高仙芝，以病廢在家的哥舒翰代之，翰不能治事，下屬爭長，士卒離心。至德元年（756）正月，乙卯朔，祿山稱大燕皇帝，改元聖武。次日（丙辰），玄宗以李隨爲河南節度使，以許遠爲睢陽太守兼防禦使，委以河南防務。〔註20〕

雍丘、襄邑、宋州爲通濟渠所經之重要城市，河南道有六州（濮、滑、曹、汴、宋、許）、都畿道全部淪陷，祿山以崔乾祐駐陝與唐潼關守將哥舒翰對峙；以李庭望爲節度使經略河南。以當時河南形勢觀之，欲經略江淮最佳路線莫如循古來通道，即隋唐之通濟渠，故雍丘、宋城成了安史叛軍與唐軍爭奪的重要據點。

至德元載（756）二月，賈賁與張巡率兵共三千至雍丘會合，禦祿山將令狐潮。二月庚子，令狐潮引精兵攻雍丘，賁戰死，張巡力戰卻敵，遂兼領賁眾〔註21〕。自是，張巡與令狐潮等相拒六十餘日，大小三百餘戰，巡帶甲而食，裹瘡再戰，潮等敗走，軍聲大振。此時黃河以北諸討賊義兵在郭子儀、李光弼的指揮之下，在戰場上漸居上風，祿山因而大懼。在此情勢下，唐本極有可爲，惜玄宗促哥舒翰出關討賊，不幸敗北，河東（蒲州）、華陰（華州）、馮翊（同州）、上洛（商州）防禦使皆棄郡逃走，六月乙未凌晨，玄宗幸蜀〔註22〕祿山不意玄宗遽然西逃，十日後始遣孫孝哲將兵入長安。「於是賊勢大熾，西脅汧隴，南侵江漢，北割河東之半。」〔註23〕七月，令狐潮再圍張巡於雍丘，相持四十餘日，數爲張巡所敗，遂收兵入陳留，不敢復出〔註24〕。

〔註20〕 同前註引書，同卷，至德元載正月條，頁6951，注云：「是載始置河南節度使，治汴州，領陳留、睢陽、靈昌、淮陽、汝陰、譙、濟陰、濮陽、淄川、琅邪、彭城、臨淮、東海十三郡。」

〔註21〕 《資治通鑑》，卷二一七〈唐紀三十三〉，肅宗至德元載二月條，頁6955～6956載：「先是譙郡太守楊萬石以郡降安祿山，逼眞源令河東張巡使爲長史，西迎賊。巡至眞源，帥吏民哭於玄元皇帝廟，起兵討賊，吏民樂從者數千人，巡選精兵千人西至雍丘，與賈賁合。初，雍丘令令狐潮以縣降賊，賊以爲將，使東擊淮陽（陳州）救兵于襄邑，破之，俘百餘人，拘於雍丘，將殺之，往見李庭望；淮陽兵遂殺守者，潮棄妻子走，故賈賁得以其間入雍丘。」

〔註22〕 《資治通鑑》，卷二一八〈唐紀三十四〉，至德元載六月條，頁6966～6971。

〔註23〕 同前註引書，同卷，同年同月，頁6979～6980。

〔註24〕 同前註，同卷，同年七月條，頁6988～6989。

八月，祿山所署陳留節度使「李庭望將蕃、漢二萬餘人東襲寧陵、襄邑，夜，去雍丘城三十里置營，張巡帥短兵三千掩擊，大破之，殺獲太半。庭望收軍夜遁〔註25〕。十月，巡再破令狐潮、王福德步騎萬餘〔註26〕，十二月，「令狐潮帥眾萬餘營雍丘城北，張巡邀擊，大破之，賊遂走。」〔註27〕令狐潮、李庭望攻雍丘數月不下，欲作長久圍困之計，乃置杞州，築城於雍丘之北，以絕糧援。十二月，魯（兗州）、東平（鄆州）、濟陰（曹州）先後陷於叛軍，雍丘益形孤危，「賊將楊朝宗帥馬步二萬，將襲寧陵，斷巡後。巡遂拔雍丘，東守寧陵以待之，始與睢陽太守許遠相見。是日，楊朝宗至寧陵城西北，巡、遠與戰，晝夜數十合，大破之，斬首萬餘級，流尸塞汴而下，賊收兵夜遁。」〔註28〕

　　至德二載（757）正月，安祿山為李豬兒所殺，安慶緒改絃易轍，以史思明歸守范陽，留蔡希德等圍太原。另改以尹子奇為汴州刺史、河南節度使全力打通通濟渠航線。正月甲戌，尹「子奇以歸、檀及同羅、奚兵十三萬趣睢陽，許遠告急于張巡，巡自寧陵引兵入睢陽。巡有兵三千人，與遠兵合六千八百人。賊悉眾逼城，巡督勵將士，晝夜苦戰，或一日至二十合；凡十六日，擒賊將六十餘人，殺士卒二萬餘，眾氣自倍。……賊遂夜遁。」〔註29〕三月，尹子奇復引大軍攻睢陽，巡激勵將士，與尹軍大戰數十合，屢挫其鋒，然尹軍攻圍不輟〔註30〕。張巡、許遠守城至八月，食盡援絕，睢陽守軍只餘六百餘人，是時，許叔冀在譙郡，尚衡在彭城，賀蘭進明在臨淮，皆擁兵不救，巡令南霽雲突圍請援，南霽雲說賀蘭進明以唇亡齒寒之道，進明終不心動〔註31〕。九月，郭子儀請回紇兵收復長安，繼而東進，十月克復洛陽，安慶緒走保鄴郡（相州）。尹子奇久圍睢陽，城中食盡，張巡、許遠猶堅守以待援，至十月癸丑，城陷。河南節度使張鎬聞睢陽圍急，倍道極進，檄浙東、浙西、淮南、北海諸將及譙郡太守閭丘曉共救之，比鎬至，睢陽城已陷三日。十月壬申，廣平王俶入東京。乙丑，陳留人殺尹子奇，舉郡降。十

〔註25〕同前註引書，八月條，頁6992～6993。
〔註26〕見《資治通鑑》，卷二一九〈唐紀三十五〉，至德元載十月條，頁7004。
〔註27〕同註26，十二月條，頁7007。
〔註28〕同註27，頁7010。
〔註29〕見《資治通鑑》，卷二一九〈唐紀三十五〉，至德二載正月條，頁7016～7017。
〔註30〕同前註引書，同卷，三月條，頁7022。
〔註31〕同前註引書，同卷，頁7025～7031。

一月，張鎬帥魯炅、來瑱、吳王祗、李嗣業、李奐五節度徇河南、河東郡縣，皆下之，兩宮亦相繼回蹕，亂事頗有平服之景象。

　　原安祿山叛軍由河北南下，渡黃河，兵分三路，除西向進逼洛陽、長安，南向經略襄鄧以外，另一路沿運河東南進兵，有席捲江淮之勢，張巡、許遠以孤軍死守睢陽、雍丘將近二年，遏阻了安史叛軍南下，屏蔽了經濟重心的江淮地區。李翰進〈張巡中丞傳表〉云：

> 時（安史）竊據洛陽，控引幽朔，驅其猛銳，吞噬河南。巡前守雍邱，潰其心腹，及魯炅十萬之師，棄甲於宛葉，哥舒以天下之眾，敗績於潼關，兩宮出居，萬國波蕩，賊遂僭盜神器，鴟峙兩京，南臨漢江，西逼岐雍，……巡退軍睢陽，扼其咽領，……賊所以不敢越睢陽而取江淮，江淮所以保全者，巡之力也。……賊勢憑陵，連兵百萬，巡以數千之眾橫而制之。若無巡，則無睢陽；無睢陽，則無江淮。賊若因江淮之資，兵彌廣，財彌積，根結盤據，西向以拒王師，雖終於殲夷，而曠日持久。」〔註32〕

韋應物〈睢陽感懷〉亦云：

> 張侯本忠烈，濟世有深智。堅壁梁宋間，遠籌吳楚利。窮年方絕輸，鄰援皆攜貳。〔註33〕

《資治通鑑考異》說明安史叛軍非取睢陽不可之理由：「唐人皆以全江、淮為巡、遠功。按睢陽雖當江、淮之路，城既被圍，賊若欲取江、淮，繞出其外，睢陽豈能障之哉？蓋巡善用兵，賊畏巡為後患，不滅巡則不敢越過其南耳。」〔註34〕

　　「安慶緒之初至鄴也，雖支黨離析，猶據七郡六十餘城（汲、鄴、趙、魏、平原、清河、博平），甲兵資糧豐備。」〔註35〕乾元元年（758）九月，

〔註32〕見《全唐文》，卷四三〇，李翰〈進張中丞傳表〉，頁5536～5537。

〔註33〕見韋應物，《韋江州集》（台灣商務印書館據上海涵芬樓藏明嘉靖戊申華雲江州刊本影印），卷六，頁44。另韓愈〈張中丞傳·後敘〉云：「守一城，捍天下，以千百就盡之卒，戰百萬日滋之師，蔽遮江淮，沮遏其勢，天下之不亡，其誰之功也？」（《全唐文》，卷五五六，頁7144～7145）南霽雲向帥重兵守臨淮（泗州）的賀蘭進明求救兵時亦云：「但睢陽既拔，即及臨淮，皮毛相依，理須援助。」（《舊唐書》，卷一八七下〈忠義下·張巡傳〉，頁4901）

〔註34〕參見《資治通鑑》，卷二二〇〈唐紀三十六〉，肅宗至德二載冬十月條，頁7038。

〔註35〕見《資治通鑑》，卷二二〇〈唐紀三十六〉，肅宗乾元元年九月條，頁7060。

肅宗派九節度使攻鄴，欲一舉消滅安慶緒，十月，唐軍捷報頻傳，進圍相州，安慶緒遣薛嵩求救於史思明，史思明自范陽率十三萬兵至，先敗河南節度使崔光遠於魏州，官軍一挫，崔光遠脫身走汴州，魏州遂入史思明控制〔註36〕。郭子儀等九節度使圍困相州至翌年三月（乾元二年三月），爲史思明軍所敗，諸節度均潰歸本鎮。思明原欲西略，慮根本未固，乃留其子朝義守相州，引兵還范陽。四月，史思明稱大燕皇帝，改元順天，唐亦得趁此機會重新佈署〔註37〕。九月，史思明兵分四路，揮軍南下，會于汴州。汴滑節度使許叔冀與戰不勝，遂降史思明，汴州再度淪陷，鄭、滑繼之。史思明入洛陽，畏李光弼掎其後，退屯白馬寺南，築月城於河陽南以拒光弼，數爲光弼所敗。上元二年（761）二月，肅宗聽魚朝恩之言，命進取東都，光弼等敗績，思明欲乘勝西入關，三月甲午爲部將駱悅所殺，史朝義繼位，朝廷懲於九節度使圍相州潰敗，遂以李光弼爲河南副元帥、太尉兼侍中，都統河南、淮南東西、山南東、荊南、江南西、浙江東西八道行營節度，出鎮臨淮（泗州），以田神功爲徐州刺史。觀唐政府此舉，貢以保護江淮地區爲首要目標。史朝義欲奪取江淮，自圍宋州數月，城中食盡，將陷，光弼使兗鄆節度使田神功救宋州，大破朝義，朝義遁歸洛陽。寶應元年（762）十月，官軍圍洛陽，朝義奔鄭州，敗，奔汴州，其陳留節度使張獻誠閉門拒之，再奔濮州、衛州、

〔註36〕同前註引書，同卷，同年同月庚寅，「命朔方郭子儀、淮西魯炅、興平李奐、滑濮許叔冀、鎮西、北庭李嗣業、鄭蔡季廣琛、河南崔光遠七節度使及平盧兵馬使董秦將步騎二十萬討慶緒；又命河東李光弼、關內澤潞王思禮二節使將所部兵助之。上以子儀、光弼皆元勳，難相統屬，故不置元帥，但以宦官開府儀同三司魚朝恩爲觀軍容宣慰處置使。觀軍容之名自此始。……十月……郭子儀引兵自杏園濟河，東至獲嘉，破安太清，斬首四千級，捕虜五百人。太清走保衛州，子儀進圍之；丙午，遣使告捷。魯炅自陽武濟，季廣琛、崔光遠自酸棗濟，與李嗣業兵皆會子儀於衛州。慶緒悉舉鄴中之眾七萬救衛州，……慶緒大敗。……遂拔衛州。慶緒走，子儀等追之至鄴，許叔冀、董秦、王思禮及河東兵馬使薛兼訓皆引兵繼至。慶緒收餘兵拒戰於愁思岡，又敗。……慶緒乃入城固守，子儀等圍之。慶緒窘急，遣薛嵩求救於史思明，且請以位讓之。思明發范陽兵十三萬欲救鄴，觀望未敢進，先遣李歸仁將步騎一萬軍于滏陽，遙爲慶緒聲勢。」（頁7061～7064）
〔註37〕唐政府以郭子儀爲東畿、山東、河東諸道元帥，權知東京留守。以河西節度使來瑱行陝州刺史，充陝、虢、華州節度使。王思禮爲澤潞節度使。以魯炅爲陳、鄭、亳節度使，尚衡爲青、密七州節度使，以興平軍節度使李奐兼豫、許、汝三州節度使，以滑、濮節度使許叔冀爲汴州刺史，充滑汴等七州節度使，然皆以駐防河南爲主，予史思明再起之機會。

魏州、莫州，廣德元年（763）正月，朝義至范陽，不得入，欲北入奚、契丹，至溫泉柵，爲李懷仙遣兵追及，縊於林中，懷仙取其首以獻，安史之亂至是平定。

三、運糧道的調整

安祿山反叛，不到一個月即渡河，佔據了通濟渠重鎮陳留郡（汴州）並進攻睢陽（宋州），漕運斷絕。及兩都淪陷，玄宗父子各奔南北，財賦無著，軍需孔急，朝廷困窘。時北海郡太守賀蘭進明遣錄事參軍第五琦入蜀奏事，見玄宗，奏言：「方今之急在兵，兵之強弱在賦，賦之所出，江淮居多。若假臣職任，使濟軍須，臣能使常給之資，不勞聖慮。」〔註38〕玄宗大悅，遂以爲監察御史，勾當江淮租庸使。尋拜殿中侍御史，加山南等五道度支使。

肅宗至德元年（756）六月，祿山陷長安，「戊申，扶風人康景龍殺賊宣慰使薛總等二百餘人，陳倉令薛景仙率眾收扶風郡守之。由是關輔豪右皆謀殺賊，賊故不敢侵軼。」〔註39〕當時安祿山在長安地區所能控制的範圍，「南不出武關，北不過雲陽，西不過武功。江淮奏請貢獻之蜀、之靈武者，皆自襄陽取上津路抵扶風，道路無壅，皆薛景仙之功也。」〔註40〕關於此道之重要性，嚴耕望先生已有專文論述，茲不贅述。〔註41〕（見圖十五）

〔註38〕見《舊唐書》，卷一二三〈第五琦傳〉，頁3517。

〔註39〕見《舊唐書》，卷十〈肅宗本紀〉，頁241。

〔註40〕參見《資治通鑑》，卷二一八〈唐紀三十四〉，肅宗至德元載八月條，頁6995。

〔註41〕見嚴耕望，〈上津道〉，收入氏著《唐代交通圖考》第三卷（台北：中央研究院歷史語言研究所，民國74年9月），頁801～809。其內容略曰：「唐世，關中中原南通江淮嶺南有東西兩大交通幹線。東線取汴河水路至揚州，西線取鄧襄陸路至荊、鄂。襄陽當西線陸路與漢水水運之交會處，得西通漢中，尤爲樞紐。安史亂後，中原多故，汴河運輸往往受阻，江淮物資輸貢上都，更集中於江漢一道，於是襄陽在交通上之地位益重。然此時物資集中於襄陽後，因軍事情勢關係，不一定取道南陽武關運送上都，而往往向西北取道上津，稱爲上津路。上津路北通商州，西通洋（今洋縣）梁（漢中，今南鄭）。東晉、十六國時代，此道爲關中與江漢流域通商之重要孔道。……及安祿山倡亂，盜據兩京，玄宗幸蜀，肅宗即位靈武，南下控制京西地區，故江南物資不能利用運河，而由江漢水運到荊、襄。襄陽以北亦不能利用鄧州武關道，而須沂漢水，取上津路西經洋州、梁州，北輸扶風郡，以濟國用。此似爲唐世上津道作重要利用之始。」

圖十五：唐代秦嶺山脈東段諸谷道圖

（藍田武關道子午道上津道及庫義錫三谷道）

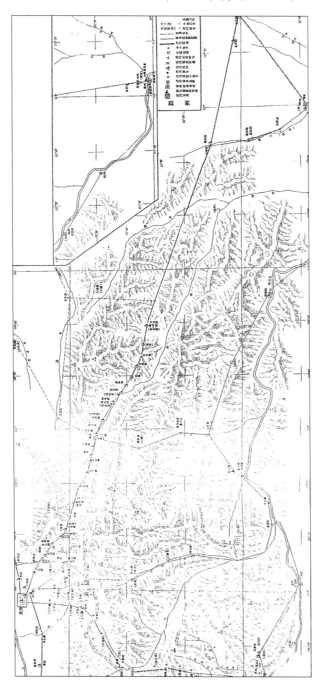

註：本圖採自嚴耕望，《唐代交通圖考》第十一圖。

　　轉輸江淮財賦的先決條件為江淮的物資生產能正常供應，惜肅宗上元元年（760）十一月，以宋川刺史兼淮西節度副使劉展剛強自用，肅宗欲去其兵權，遂以展為都統淮南東、江南西、浙西三道節度使，密敕舊都統李峘及淮南東道節度使鄧景山圖之。事覺，劉展舉兵反，遣將繫鄧景山，敗之，自是遣將略地，江淮地區無不披靡，至上元二年（761）正月，始為田神功所平，神功軍大掠十餘日。安史之亂，亂兵不及江淮，至是，其民始罹荼毒矣。〔註42〕

　　肅宗寶應元年（762）正月，採租庸使元載之議，以為「江、淮雖經兵荒，其民比諸道猶有貲產，乃按籍舉八年租調久違負及逋逃者，計其大數而徵之，擇豪吏為縣令而督之，不問負之有無，貲之高下，察民有粟帛者發徒圍之，籍其所有而中分之，甚者什取八九，謂之白著。有不服者，嚴刑以威之。民有蓄穀十斛者，則重足以待命，或相聚山澤為群盜，州縣不能制。」〔註43〕河北地區在安史亂後淪為藩鎮盤據之地，租賦不入中央，河南收復之地則因「久陷賊中，宮室焚燒，十不存一。百曹荒廢，曾無尺椽，中間畿內，不滿百戶。井邑榛棘，豺狼所嗥，既乏軍儲，又鮮人力。東至鄭、汴，達于徐方，北自覃懷，經于相土，人煙斷絕，千里蕭條。」〔註44〕相形之下，江淮人民負擔之加重，已無可避免。

　　經過八年的亂事，田園荒蕪，運河壅塞，雖糧運有上津道可循，然其運量及成本，究不如通濟渠經濟，亂後運河之復通，有待於劉晏的努力〔註45〕。

〔註42〕見《資治通鑑》，卷二二一～二二二，肅宗上元元年十一月至上元二年正月條，頁7097～7104。

〔註43〕見《資治通鑑》，卷二二二，肅宗寶應元年正月條，頁7119。

〔註44〕見《舊唐書》，卷一二○〈郭子儀傳〉，頁3457。《新唐書》，卷一三七〈郭子儀傳〉，頁4604亦載云：「洛陽自大盜以來，焚埃略盡，百曹榛荒，寰服不滿千戶，井邑如墟，豺狼群嗥；東薄鄭、汴，南界徐，北綿懷、衛及相，千里蕭條，亭舍不煙。……」

〔註45〕見《舊唐書》，卷一二三〈劉晏傳〉，頁3511～3514載，劉晏於寶應二年（763）擔任東都、河南、江淮、山南等道轉運租庸鹽鐵使。「時新承兵戈之後，中外艱食，京師米價斗至一千，官廚無兼食之積，禁軍乏食，畿縣百姓乃接穗以供之。晏受命後，以轉運為己任，凡所經歷，必究利病之由。至江淮，以書遺元載曰：『浮于淮泗，達于汴，入于河，西循底柱、硤石、少華，楚帆越客，直抵建章、長樂，此安社稷之奇策也。……驅馬陝郊，見三門渠津遺跡。到河陰、鞏、洛，見宇文愷公置梁公堰，分黃河水入通濟渠；大夫李傑新堤故事，飾像河廟，凜然如生。涉滎郊、浚澤，遙瞻淮甸，步步探討，知昔人用心，則潭、衡、桂陽必多積穀，關輔汲汲，只緣兵糧。漕引瀟、湘、洞庭，

劉晏分析當時之運河之利病各有四點〔註46〕，有待克服的困難爲：（一）運河黃河間因爲經過長期戰爭的破壞，數百里絕少人煙，航運最爲需要的勞力，供給至感困難；（二）運河河道因爲過去長期阻斷，很久沒有疏浚整治，以致漸漸淤塞而不便航運；（三）洛陽以西的黃河沿岸，早就沒有軍隊駐防，盜賊橫行，航運者所遇到的治安問題非常嚴重；（四）自江蘇至潼關附近東西三千里的交通線上，跋扈的軍人每藉口衣糧不足來掠奪轉運的物資〔註47〕。因此，

萬里幾日，淪波掛席，西指長安。三秦之人，待此而飽；六軍之眾，待此而強。天子無側席之憂，都人見泛舟之役；四方旅拒者可以破膽，三河流離者於茲請命。……」

〔註46〕同前註引書，頁 3512～3513 載：「然運之利病，各有四五焉。晏自尹京入爲計相，共五年矣。京師三輔百姓，唯苦稅斂傷多，若使江、湖米來每年三二十萬，即頓減徭賦，歌舞皇澤，其利一也。東都殘毀，百無一存。若米運流通，則飢人皆附，村落邑廛，從此滋多。受命之日，引海陵之倉以食鞏洛，是計之得者，其利二也。諸將有在邊者，諸戎有侵敗王略者，或聞三江、五湖，貢輸紅粒，雲帆桂楫，輸納帝鄉，軍志曰：『先聲後實，可以震耀夷夏。』其利三也。自古帝王之盛，皆云書同文、車同軌，日月所照，莫不率俾。今舟車既通，商賈往來，百貨雜集，航海梯山，聖神輝光，漸近貞觀、永徽之盛，其利四也。所可疑者，函、陝凋殘，東周尤甚。過宜陽、熊耳，至武牢、成皋，五百里中，編戶千餘而已。居無尺椽，人無煙爨，蕭條悽慘，獸遊鬼哭，牛必羸角，輿必說（《冊府元龜》說作脫，爲是）輗，棧車輓漕，亦不易求。今於無人之境，興此勞人之運，固難就矣，其病一也。河汴有初不修則毀澱，故每年正月發近縣丁男，塞長茭，決沮淤；清明桃花已後，遠水自然安流，陽侯宓妃，不復太息。頃因寇難，總不掏拓，澤滅水，岸石崩，役夫需於沙，津吏旋於潯，千里洄上，周水舟行，其病二也。東垣、底柱、澠池、二陵，北河運處五六百里，戍卒久絕，縣吏空拳。奪攘姦宄，窟穴囊橐。夾河爲藪，豺狼猰犴，舟行所經，寇亦能往，其病三也。東自淮陰，四臨蒲坂，互三千里，屯戍相望。中軍皆鼎司元侯，賤卒儀同青紫，每云食半菽，又云無挾纊，輓漕所至，船到便留，即非單車使折簡書所能制矣，其病四也。」

〔註47〕見《唐宋帝國與運河》，頁 317。《全唐文》，卷四十六〈代宗一〉，頁 624 載〈緣汴河置防援詔〉云：「如聞自東都至淮泗，緣汴河州縣，自經寇難，百姓彫殘，地闊人稀，多有盜賊，漕運商旅，不免艱虞。宜委王緯各與本道節度計會商量，夾河兩岸，每兩驛置防援三百人，給側近良沃田，令其營種，分界捉搦。」此後各地江賊有日益嚴重的趨勢，武宗時杜牧〈上李太尉論江賊書〉云：「伏以江淮賦稅，國用根本，今有大患，是劫江賊耳。……夫劫賊徒上至三船兩船百人五十人，下不減三二十人，始肯行劫，劫殺商旅，嬰孩不留，所劫商人，皆得異色財物，盡將南渡入山博茶。……自邇以來，頻於鄰州大有劫殺，沉舟滅跡者，即莫知其數。凡江淮草市，盡近水際，富室大戶，多居其間，自十五年來，江南江北，凡名草市，劫殺皆徧。……濠毫徐泗汴宋州賊，多劫江南、淮南、宣潤等道；許蔡申光州賊，多劫荊襄、鄂岳等道，劫得財物，皆是博茶北歸本州貨賣，循環往來，終而復始。……」（《全唐文》，卷七五一，

沿運河節帥的選擇便益形重要，地居江淮物資北運與西運中繼站的汴州，其地位不言可喻。

第二節　藩鎮抗命時期的宣武軍節度使

　　《新唐書·兵志》云，所謂方鎮者，節度使之兵也。原其始，起於邊將之屯防者。景雲二年（710），以賀拔延嗣爲涼州都督、河西節度使。自此以後，接乎開元，朔方隴右、河東、河西諸鎮，皆置節度使。及范陽節度使安祿山反，犯京師，天子之兵弱不能抗，遂陷兩京。肅宗起靈武而諸鎮之兵共起誅賊。其後錄山子慶緒及史思明父子繼起，中國大亂，肅宗命李光弼等討之，號「九節度之師」。久之，大盜既滅，而武夫戰卒以功起行陣，列爲侯王者，皆除節度使。由是方鎮相望於內地，大者連州十餘，小者猶兼三四，故兵驕則逐帥，帥彊則叛上。或父死子據其兵而不肯代，或取捨由於士卒，往往自擇將吏，號爲「留後」，以邀命於朝。天子力不能制，則忍恥含垢，因而撫之，謂之姑息之政。蓋姑息起於兵驕，兵驕由於方鎮，姑息愈甚，而兵將愈驕。由是號令自出，以相侵擊，虜其將帥，并其土地，天子熟視不知所爲，反爲和解之，莫肯聽命〔註48〕。安史亂後唐代藩鎮並非全與中央敵對，王壽南教授大作《唐代藩鎮與中央關係之研究》已有詳論。張國剛先生且將唐代藩鎮分成四種類型。一是割據型，這些藩鎮主要集中在河朔，大多是安史舊部歸降者，其代表則是魏、鎮、幽三鎮；二是防遏型，主要集中在中原一帶，以宣武、武寧、忠武、澤潞、河陽、義成、河東等爲代表；三是禦邊型，主要集中在西北、西南邊疆，其中尤以西北地區最爲典型；四是財源型，這主要在東南地區，最典型的有浙東、浙西、淮南、福建、江西等八道〔註49〕。由此知，藩鎮和藩鎮割據並不是同意語。「藩鎮是唐朝（中期以後）國家機器的重要組成部分，做爲中央的地方行政機構，它聽從或基本聽從唐廷指揮，執行中央政令。它的存在，對于解決當時的社會危機，具有不可低估的積極意義。安史亂後，李唐王朝正是通過藩鎮實現其對地方的控制，保障中央王朝的生存，維持龐大國家機器運轉的。」〔註50〕

　　頁9850～9852）

〔註48〕見《新唐書》，卷五十〈兵志〉，頁1328～1330。
〔註49〕見張國剛，〈唐代藩鎮的歷史眞相〉，《文史知識》，1986年9月，頁19～20。
〔註50〕見程志，〈論中唐藩鎮的本質和作用〉，《東北師大學報》1986年第六期，頁

代宗廣德元年（763）正月，史朝義爲李懷仙所殺，安史之亂平定。僕固懷恩恐賊平寵衰，欲養寇自重，乃奏以安史降將田承嗣、李懷仙、張忠志、薛嵩等四人分帥河北諸郡，「朝廷亦厭苦兵革，苟冀無事，因而授之。」〔註51〕嗣後百餘年，河北地區不復爲唐所有〔註52〕。「河朔地區，是割據巢穴，也是戰爭策源地，唐廷在其周圍佈置了河東、河中、宣武、忠武、武寧、河陽、義成、天平、昭義、橫海、淄青、義武等鎮。……上述藩鎮北臨河朔，南控江淮，西護關中，戰略地位十分重要。」〔註53〕其中以河中、宣武、忠武、武寧、河陽、義成、天平等節度使控制通濟渠運糧道，地位尤其重要。當時河北租賦不入中央，河南又因兵災殘破，政府開支全仰江淮，第五琦云：「方今之急在兵，兵之強弱在賦，賦之所出，江淮居多。」〔註54〕元和十四年（819）七月二十三日「上尊號赦」中云：「天寶已後，戎事方殷，兩河宿兵，戶賦不入，軍國費用，取資江淮。」〔註55〕杜牧亦云：「今天下以江淮爲國命。」〔註56〕韓愈亦云：「當今賦出於天下，江南居十九。」〔註57〕爲轉運江淮物資，安史之亂時，通濟渠不通，曾走上津道，但道路懸遠，運量小，

39。程文中指出藩鎮具有爲唐廷執行監察職能、軍事職能、應付民族戰爭，保衛邊疆的武器支柱；具有醫治戰爭創傷，恢復統治秩序的意義。藩鎮還在財政經濟上支持唐廷等多項作用。

〔註51〕見《資治通鑑》，卷二二二〈唐紀三十八〉，代宗廣德元年正月條載：「癸亥，以史朝義降將薛嵩爲相、衛、邢、洺、貝、磁六州節度使，田承嗣爲魏、德、滄、瀛五州都防禦使，李懷仙仍故地爲幽州、盧龍節度使。」另參《舊唐書》，卷一四一〈田承嗣傳〉，頁3837。

〔註52〕《舊唐書》，卷一四一〈田承嗣傳〉，頁3838載：「郡邑官吏，皆自署置，戶版不籍於天府，稅賦不入於朝廷，雖曰藩臣，實無臣節。」同書，卷一四二〈李寶臣傳〉，頁3866載：「時寶臣有恆、定、易、趙、深、冀六州之地，後又得滄州步卒五萬、馬五千匹，當時勇冠河朔諸帥。寶臣以七州自給，軍用殷積，招集亡命之徒，繕閱兵仗，與薛嵩、田承嗣、李正己、梁崇義等連結姻婭，互爲表裏，意在以土地傳付子孫，不稟朝旨，自補官吏，不輸王賦。」同書，卷一四三〈李懷仙傳〉，頁3895～3896載：「既而懷恩叛逆，西蕃入寇，朝廷多故，懷仙等四將各招合遺孽，治兵繕邑，部下各數萬勁兵，文武將吏，擅自署置，貢賦不入於朝廷，雖藩臣，實非王臣也。朝廷初集，姑務懷安，以是不能制。」

〔註53〕同註50引文，頁41。

〔註54〕見《舊唐書》，卷一二三〈第五琦傳〉，頁3517。

〔註55〕見《文苑英華》，卷四二二，頁2587下。

〔註56〕見《文苑英華》，卷六六〇〈投知二〉，杜牧，〈上宰相求杭州啓〉，頁4065上。

〔註57〕見《韓昌黎文集》，卷四〈序〉，〈送陸歙州詩序〉，頁135。

究非長久之計，亂平後，唐政府致力於恢復通濟渠功能，轉運使之派任，沿運河節鎮之配置，在在影響國家的安危。

唐代轉運使的設置，應該是以開元二十一年（733）裴耀卿以黃門侍郎、同中書門下平章事充轉運使為開始。在這之前，雖然有陝州運使、河南運使的設置，只可看作轉運使的前身，和裴耀卿以後的轉運使有顯著區別〔註58〕。因為以前的水陸運使所統轄之區域較小、權位較輕，對國家財政之影響亦較微。安史亂後，「天下戶口什亡八九，州縣多為藩鎮所據，貢賦不入，朝廷府庫耗竭，中國多故，戎狄每歲犯邊，所在宿重兵，仰給縣官。」〔註59〕政府財賦仰賴江淮，轉運使所轉運之範圍擴大，職權增加，轉運使一職遂逐漸制度化。

安史之亂期間，朝廷先後以第五琦、呂諲、元載掌輸東南租賦，寶應元年（762）五月，「是時淮河阻兵，飛輓路絕，鹽鐵租賦，皆泝漢而上，以侍御史穆寧為河南道轉運租庸鹽鐵使，尋加戶部員外，遷鄂州刺權，以總東南貢賦。是時，朝議以寇盜未戢（史朝義仍據宋州、汴州），關東漕運宜有倚辦，遂以通州刺史劉晏為戶部侍郎京兆尹、度支鹽鐵轉運使。」〔註60〕劉晏自肅宗寶應元年（762）任轉運使，歷代宗，至德宗建中元年（780）正月罷使，這十八年期間，劉晏連續擔任轉運使，經劉晏長期的經營，轉運使確定了職權範圍，建立了一套獨立的組織系統和漕運制度，這一切，被稱為「劉晏之法」〔註61〕。劉晏所奠定轉運使的規模和格局後，轉運使成為唐代掌財權的

〔註58〕見何汝泉，〈唐代轉運使成為固定職官考〉，《西南師範學院學報》1982年第一期，頁86；另《唐會要》，卷八十七〈轉運鹽鐵總敘〉中云：「皇朝自武德永徽以後，姜行本、薛大鼎、褚朗皆以漕運上言，然未能通濟，其後監察御史王師順，運晉絳之粟，於河渭之間增置渭橋倉，自師順始也。開元二年，河南尹李傑為水運使，大興漕事。」（頁1587）

〔註59〕見《資治通鑑》，卷二二六〈唐紀四十二〉，德宗建中元年（780）七月條，頁7284。

〔註60〕見《唐會要》，卷八十七〈轉運鹽鐵總敘〉，頁1588；另《新唐書》，卷五十三〈食貨志〉，頁1368載：「肅宗末年，史朝義兵分出宋州，淮運於是阻絕，租庸鹽鐵泝漢江而上。河南尹劉晏為戶部侍郎，兼句當度支、轉運、鹽鐵、鑄錢使，江淮粟帛，繇裏、漢越商於以輸京師。」

〔註61〕《舊唐書》，卷一七七〈裴休傳〉，頁4593～4594載：「自大和以來重臣領使者，歲漕江、淮米不過四十萬石，能至渭河倉者十不三四。漕吏狡蠹，敗溺百端。官舟沈溺者，歲七十餘隻。緣河姦吏，大紊劉晏之法。」另何汝泉在〈唐代轉運使成為固定職官考〉文中，列出轉運使的職掌和僚屬：（一）有便宜行事的權力。轉運使的任命由皇帝直接指派，因此它的職權範圍和權力大

常設職官。因戰亂荒廢的通濟渠經劉晏的實地勘察、大力改革，每歲轉粟百一十萬石，朝廷賴之。

以當時政治環境言，內有宦官專權，外有藩鎮割據，轉漕之事頗不易，劉晏即曾以與程元振交通，元振得罪，晏罷相；第五琦與魚朝恩款狎，朝恩伏誅，琦坐貶。

安史亂後藩鎮長期割據只限於河北地區，唐政府除了在邊境及環河朔地區多配置武人出身的節度使外，其餘多爲中央指派之文人出任，如淮南節度使多以宰相出鎮（見表二十二），蓋以此區爲亂後政府之最大賦財區耶？河南道諸節度使地界淮南與河北之間，又控通濟渠航線，中原一生變亂，則爲雙方必爭之地，故唐於此區配置之節度使多爲武人，藉以牽制河北諸鎮。安史亂後六十年，河北藩鎮勢力不如前，河南武將藩鎮勢力亦漸式微，文宗以後河南藩鎮幾乎都是由中央指派的文官擔任，此可看出唐政府對江淮地區的依賴性與不斷對江淮地區加強其控制力。（見表二十三～表二十八）

表二十二：淮南節度使表

時　　　間	節度長官及（遷調）	出　　身	駐地	節度區分併	職前經歷	與中央關係	備　註
至德元年（756）	李成式		揚州	揚楚滁和壽廬舒光蘄安黃申沔	大理卿	奉朝命	新表：尋以光州隸淮西
至德元載十二月～至德二載（756～757）	高適（調太子少詹事）	有道科出身	揚州	揚楚滁和壽廬舒蘄安黃申沔	侍御史	奉朝命	

小，取決於皇帝。（二）與鹽鐵使合而爲一。（三）經管地區擴大。裴耀卿以來，轉運使主要是經管河南、淮南、江南東道的漕運。在劉晏任轉運使期間，轉運使經管的範圍，由局部地區逐漸擴大到全國大部分地區。當時全國不屬轉運使經管的地區只有河北道、隴右道、黔中道、嶺南道。（四）建立巡院。爲鹽鐵轉運使的下屬機構，劉晏開始建立。劉晏初置的巡院有十三個：揚州、陳許、汴州、廬壽、白沙、淮西、甬橋、浙西、宋州、泗州、嶺南、兗鄆、鄭滑。（五）使司和留後。使司，是鹽鐵轉運使治事的官署，鹽鐵轉運事務的最高機構。留後，即留守官，代表鹽鐵轉運使管治一方的事務。（六）漕吏。即漕船的督率者，又叫綱吏。劉晏以「十船爲綱，每綱三百人，篙工五十人。自揚州遣將部送至河陰。」（《新唐書·食貨志》），每綱由綱吏督率，還有軍將護送。（七）設場造船。「晏於揚子置十場造船，每艘給千緡。」（《資治通鑑》，卷二二六，建中元年七月條）並設專知官十人，負責造船事宜。（八）維護航道。劉晏「又分官吏主丹楊湖，禁引溉，自是河漕不涸。」（《新唐書·食貨志》，頁 91～94）

至德二載~上元二年（757~761）	鄧景山（入朝爲尚書左丞）	文史見稱	揚州	揚楚滁和壽廬舒蘄安黃申	青齊節度使	奉朝命	新表：乾元二年沔州隸鄂岳、壽州隸淮西
上元二年（761）	王璵（入爲太子少保）	少習禮學，博求祠祭儀注以干時	揚州	揚楚滁和廬舒蘄安黃申	刑部尚書	奉朝命	
上元二年二月~大曆三年六月（761~768）	崔圓（卒於任）	少孤貧，好讀兵書，開元中，以鈐謀射策甲科	揚州	揚楚滁和廬舒蘄安黃申	汾州刺史	奉朝命	新表：永泰元年蘄黃二州隸鄂岳
大曆三年閏六月~大曆六年八月（768~771）	韋元甫（卒於任）	少修謹，敏於學行	揚州	揚楚滁和廬舒蘄安黃申	尚書右丞	奉朝命	
大曆六年八月~大曆八年（771~773）	張延賞（以母憂去職）	張嘉貞之子，博涉經史達於政事	揚州	揚楚滁和廬舒蘄安黃申	御史大夫	奉朝命	
大曆八年十月~興元元年十二月（773~784）	陳少游（卒於任）	少爲崇玄館學生，習莊、列、老子	揚州	揚楚滁和廬舒蘄安黃申	浙東觀察使越州刺史	奉朝命	
興元元年十二月~貞元五年十二月（784~789）	杜亞（調東都留守兼汝州都防禦使）	少頗涉學，善言物理及歷代成敗之事	揚州	揚楚滁和廬壽舒蘄安黃申	刑部侍郎	奉朝命	
貞元五年十二月~貞元十七年三月（789~803）	杜佑（調任太清宮使）	杜希望之子，以蔭入仕	揚州	揚楚滁和廬壽舒蘄安黃申	陝虢觀察使	奉朝命	
貞元十九年二月~元和三年九月（803~808）	王鍔（調河中尹河中晉絳慈隰節度使）	本湖南團練營將	揚州	揚楚滁和廬壽舒蘄安黃申	淮南行軍司馬	奉朝命	
元和三年九月~元和五年六月（808~810）	李吉甫（入爲相）	李棲筠之子，少好學，年二十七，爲太常博士	揚州	揚楚滁和廬壽舒蘄安黃申	中書侍郎平章事	奉朝命	
元和五年十二月~元和十二年十月（810~817）	李鄘（入爲相）	大曆中進士第	揚州	揚楚滁和廬壽舒蘄安黃申	諸道鹽鐵轉運使、刑部尚書	奉朝命	
元和十二年十月~元和十三年十月（817~818）	衛次公（卒於歸朝途中）	弱冠舉進士	揚州	揚楚滁和廬壽舒蘄安黃申光	尚書左丞	奉朝命	新表：十三年增領光州
元和十三年七月~長慶二年三月（818~822）	李夷簡（徵爲右僕射）	進士第	揚州	揚楚滁和廬壽舒蘄安黃申光	門下侍郎同平章事	奉朝命	

長慶二年三月～大和元年六月（822～827）	王播（入爲相）	進士第	揚州	揚楚滁和廬壽舒蘄安黃申光	中書侍郎平章事領鹽鐵轉運使	奉朝命	
大和元年～大和四年三月（827～830）	段文昌（調荊南節度使）	倜儻有義氣，初授校書郎	揚州	揚楚滁和廬壽舒蘄安黃申光	御史大夫	奉朝命	
大和四年三月～大和六年十一月（830～832）	崔從（卒於任）	進士第	揚州	揚楚滁和廬壽舒蘄安黃申光	太子賓客	奉朝命	
大和六年十二月～開成二年五月（832～837）	牛僧儒（調東都留守）	進士第	揚州	揚楚滁和廬壽舒蘄安黃申光	中書侍郎同平章事	奉朝命	
開成二年五月～開成五年九月（837～840）	李德裕（入爲相）	李吉甫子，幼有壯志，苦心力學	揚州	揚楚滁和廬壽舒蘄安黃申光	浙西觀察使	奉朝命	
開成五年九月～會昌二年二月（840～842）	李紳（入爲相）	元和初進士	揚州	揚楚滁和廬壽舒蘄安黃申光	宣武軍節度使	奉朝命	
會昌二年二月～會昌四年七月（842～844）	杜悰（入爲相）	以蔭入仕，元和九年，尚岐陽公主	揚州	揚楚滁和廬壽舒蘄安黃申光	鳳翔隴右節度使	奉朝命	
會昌四年閏七月～會昌六年七月（844～846）	李紳（卒於任）	元和初進士第	揚州	揚楚滁和廬壽舒蘄安黃申光	中書侍郎同平章事	奉朝命	
會昌六年七月～大中元年（846～847）	李讓夷（疾還卒）	元和十四年進士第	揚州	揚楚滁和廬壽舒蘄安黃申光	司空	奉朝命	
大中元年～大中三年（847～849）	崔鄲（卒於任）	進士第	揚州	揚楚滁和廬壽舒蘄安黃申光	曾爲相、宣歙觀察使	奉朝命	
大中三年～大中六年（849～852）	李珏（卒於任）	進士第	揚州	揚楚滁和廬壽舒蘄安黃申光	吏部尚書	奉朝命	
大中六年～大中九年（852～855）	杜悰（調爲太子太傅分司）	以蔭入仕，元和九年尚岐陽公主	揚州	揚楚滁和廬壽舒蘄安黃申光	劍南西川節度	奉朝命	
大中九年七月～咸通三年（855～862）	崔鉉	進士第	揚州	揚楚滁和廬壽舒蘄安黃申光	中書侍郎同平章事	奉朝命	
咸通三年～咸通十年（862～869）	令狐綯	大和四年進士第	揚州	揚楚滁和廬壽舒蘄安黃申光濠	宣武軍節度使	奉朝命	新表：四年增領濠州

咸通十年二月～ 咸通十一年 （869～870）	馬舉		揚州	揚楚滁和廬壽舒 蘄安黃申光	左衛大將 軍	奉朝命	新表：十年 濠州隸武寧 軍節度
咸通十一年十二 月～乾符元年 （870～874）	李蔚（入爲 相）	開成末進士第	揚州	揚楚滁和廬壽舒 蘄安黃申光	宣武軍節 度使	奉朝命	
乾符元年～乾符 六年 （874～879）	劉鄴	六、七歲能 詩，爲李德裕 所愛，初任團 練推官	揚州	揚楚滁和廬壽舒 蘄安黃申光	門下侍郎 同平章事	奉朝命	
乾符六年十月～ 光啓三年四月 （879～887）	高駢	高崇文孫，家 世仕禁軍，好 爲文，多與儒 者遊，喜言理 道	揚州	揚楚滁和廬壽舒 蘄安黃申光	鎮海節度 使	黃巢之亂、 欲據地以自 固，欲效孫 吳三分之計	
文德元年二月 （888）	楊行密	少孤，嘗爲盜	揚州	揚楚滁和廬壽舒 蘄安黃申光		自據地盤	
文德元年六月～ 景福元年 （888～892）	孫儒（爲楊 行密將田頵 所殺）	爲忠武裨校	揚州	揚楚滁和廬壽舒 蘄安黃申光		破揚州，自 爲節度使、 附朱全忠、 與楊行密相 攻	
景福元年八月～ 天祐二年十月 （892～905）	楊行密（卒 於任）	少孤、嘗爲盜	揚州	揚楚滁和廬壽舒 蘄安黃申光	宣歙池觀 察使	自爲勢力範 圍，與朱全 忠相抗	
天祐二年十月～ 天祐四年 （905～907）	楊渥	楊行密子	揚州	揚楚滁和廬壽舒 蘄安黃申光	宣州觀察 使	自稱吳王	

註：本表據吳廷燮，《唐方鎮年表》及《新唐書》、《舊唐書》編成。

表二十三：武寧軍節度使表

時　　間	節度長官及 （遷調）	出　　身	駐地	節度區分併	職前經歷	與中央關係	備　　註
乾元二年三月～ 四月（759）	尚衡		徐州	徐濠宿	郢州刺史		
建中三年三月～ 八月（782）	李洧（卒於 任）	李正己從父兄	徐州	徐沂海	徐州刺史	奉朝命	時徐沂海置 觀察使
建中三年～興元 元年五月 （782～784）	高承宗（卒 於任）		徐州	徐沂海			時徐沂海置 觀察使
興元元年五月～ 貞元四年十一月 （784～788）	高明應（後 爲金吾將 軍）	高承宗子	徐州				新表：廢徐 海沂密觀察 使

貞元四年十一月～貞元十六年五月（788～800）	張建封（卒於任）	少頗屬文，好談論，慷慨負氣，以功名爲己任	徐州	徐泗濠	濠壽廬三州都團練觀察使	奉朝命	名爲節度使
貞元十六年五月～元和元年十一月（800～806）	張愔（微爲工部尚書）	張建封子，始以蔭補虢州軍事	徐州	徐	虢州參軍	爲軍士擁立，朝廷討之不勝，乃授之	泗濠二州置觀察使隸淮南節度。永貞元年三月名徐州軍曰武寧
元和元年十一月～元和六年十月（806～811）	王紹（微爲兵部尚書）	少時爲顏眞卿所重，奏授武康尉	徐州	徐泗濠宿	東都留守	奉朝命	復以泗濠二州隸武寧軍。元和四年增領宿州
元和六年十月～元和十三年七月（811～818）	李愿	李晟子	徐州	徐泗濠宿	夏州節度使	奉朝命	
元和十三年七月～元和十五年九月（818～820）	李愬（調昭義節度使）	李愿弟	徐州	徐泗濠宿	鳳翔節度使	奉朝命	
元和十五年九月～長慶二年三月（820～822）	崔群（爲武寧軍士所逐）	貞元進士，元和十二年爲相	徐州	徐泗濠	御史中丞	奉朝命	新表：長慶元年宿州隸淮南
長慶二年三月～大和六年三月（822～832）	王智興（調忠武節度使）	少驍銳，爲徐州衙卒	徐州	徐泗濠	武寧節度副使	逐崔群，朝廷力不能討，遂授以節度使	
大和六年三月～大和七年正月（832～833）	高瑀（調忠武節度使）	少好論兵，釋褐右金吾曹	徐州	徐泗濠	忠武節度使	奉朝命。所至皆理。	
大和七年正月～開成元年十二月（833～836）	崔珙	博陵崔氏，文宗時書判拔萃高等	徐州	徐泗濠	嶺南節度使	奉朝命	
開成元年十二月～開成五年（836～840）	薛元賞		徐州	徐泗濠	京兆尹		
開成五年～會昌三年五月（840～843）	李彥佐（調晉絳行營諸軍節度招討使）		徐州	徐泗濠			
會昌四年～大中元年（844～847）	田牟	爲田弘正子，寬厚明吏治	徐州	徐泗濠	豐州刺史		
大中二年～大中三年五月（848～849）	李廓	李程子，進士第	徐州	徐泗濠			

大中三年五月～大中四年（849～850）	盧弘正（調宣武軍節度使）	元和末進士	徐州	徐泗濠	義成節度使	奉朝命，在鎮期間，軍旅無譁
大中四年～大中六年（850～852）	鄭涓		徐州	徐泗濠	平盧節度使	
大中六年～大中八年（852～854）	康季榮（調涇原節度使）		徐州	徐泗濠	涇原節度使	
大中八年～大中十一年（854～857）	田牟		徐州	徐泗濠		
大中十一年～大中十三年四月（857～859）	康季榮（爲士卒所逐）		徐州	徐泗濠		
大中十三年～咸通三年七月（859～862）	田牟（卒於任）		徐州	徐泗濠	金吾大將軍	
咸通三年七月（862）	溫璋（爲士卒所逐）	溫造子，以廕入仕	徐州	徐	刺史	執法頗嚴，軍中畏之。奉朝命	新表：罷武寧軍節度，置徐州團練防禦使隸兗海，又置宿泗等州都團練觀察處置使，治宿州
咸通四年十一月（863）			徐州	徐泗濠			通鑑：廢宿、泗觀察使，復以徐州爲觀察府，以泗濠隸焉。新表：以濠州隸淮南
咸通五年四月～咸通六年（864～865）	孟球		徐州	徐泗	晉州刺史	
咸通六年～咸通七年（865～866）	薛綰		徐州	徐泗	右衛大將軍	名爲觀察團練防禦等使
咸通七年～咸通九年十月（866～868）	崔彥曾（爲龐勛所陷，爲所殺）	清河崔氏崔能子，有幹局，通於法律	徐州	徐泗	刺史、太僕卿	奉朝命，但短於軍政
咸通九年十月～咸通十年（868～869）	王晏權		徐州	徐泗濠宿			新表：置都團練防禦使，增領濠宿二州

咸通十一年（870）	夏侯瞳		徐州	徐泗濠宿	昭義節度判官	通鑑：十一月丁卯，復以徐州爲感化軍
咸通十二年～咸通十三年（871～872）	郭銓		徐州	徐泗濠宿		
咸通十四年～乾符五年（874～878）	薛能		徐州	徐泗濠宿	京兆尹	新表：乾符二年感化軍節度罷領泗州
乾符六年～中和元年八月（879～881）	支詳（爲別將時溥所逐）		徐州	徐濠宿		
中和元年十二月～景福二年四月（881～893）	時溥（爲龐師古所殺）	徐之牙將	徐州	徐濠宿	徐之別將	據徐與朱全忠相攻
景福二年四月～乾寧三年（893～896）	張廷範	以優人爲朱全忠所愛	徐州	徐濠宿	宋州刺史	朱全忠勢力範圍
乾寧四年十月（897）	龐師古（討楊行密喪師）		徐州	徐濠宿	朱全忠將	
乾寧四年十一月～天復三年五月（897～903）	王敬堯		徐州	徐濠宿	潁州刺史	新表：天復二年罷感化軍節度
天復三年五月～天祐元年（903～904）	朱友恭（遷洛拜右龍武統軍）	朱全忠養子	徐州	徐濠宿	潁州刺史	朱全忠勢力範圍
天祐元年～天祐二年十一月（904～905）	楊師厚（調爲襄州兵馬留後）		徐州	徐濠宿	潁州刺史	
天祐二年十一月～天祐四年（905～907）	張愼思		徐州	徐濠宿	匡國軍節度使	

註：本表據吳廷燮，《唐方鎮年表》及《新唐書》、《舊唐書》編成。

表二十四：宣武軍節度使表

時　　　間	節度長官及（遷調）	出　　身	駐地	節度區分併	職前經歷	與中央關係	備　註
天寶十四載十月（755）	張介然		汴州	陳留、睢陽、靈昌、淮陽、汝陰、譙、濟陰、濮陽、淄川、瑯邪、彭城、臨淮、東海	衛尉卿	中央派任	

至德元載正月	李隨		汴州	陳留、睢陽、靈昌、淮陽、汝陰、譙、濟陰、濮陽、淄川、瑯邪、彭城、臨淮、東海		中央派任	依通鑑
至德元載二月	李祇	宗室吳王	汴州	陳留、睢陽、靈昌、淮陽、汝陰、譙、濟陰、濮陽、淄川、瑯邪、彭城、臨淮、東海		中央派任	
至德元載五月（756）	李巨	虢王	汴州	陳留、睢陽、靈昌、淮陽、汝陰、譙、濟陰、濮陽、淄川、瑯邪、彭城、臨淮、東海	太僕卿	中央派任	
至德元載十月～二年八月（756～757）	賀蘭進明		汴州	陳留、睢陽、靈昌、淮陽、汝陰、譙、濟陰、濮陽、淄川、瑯邪、彭城、臨淮、東海		中央派任	
至德二載八月～乾元元年五月（757～758）	張鎬	楊國忠召拜左拾遺	汴州	陳留、睢陽、靈昌、淮陽、汝陰、譙、濟陰、濮陽、淄川、瑯邪、彭城、臨淮、東海	同平章事	中央派任	
乾元元年五月～乾元二年（758～759）	崔光遠	博陵崔氏，開元末，爲長安令	汴州	汴宋滑陳徐潁曹沂淄海	禮部尚書	中央派任	
乾元二年三月～九月（759）	許叔冀		汴州	汴宋滑陳徐潁曹沂淄海	渭州刺史	中央派任	
寶應元年～廣德二年（762～764）	張獻誠	張守珪之子	汴州	汴宋曹徐潁兗鄆濮	安史將	中央派任	收復汴州復置
廣德二年～大曆九年正月（764～774）	田神功（卒於任）	家本微賤，天寶末，爲縣里胥	汴州	汴宋曹徐泗兗鄆濮	平劉展有功	中央派任	新表：大曆四年改轄區
大曆九年一月～大曆十一年五月（774～776）	田神玉（卒於任）	田神功弟	汴州	汴宋曹徐泗兗鄆濮		中央派任	
大曆十一年五月（776）	李勉	鄭惠王李元懿曾孫	汴州	汴宋曹徐泗兗鄆濮	永平軍節度使	中央派任	
大曆十一年六月～十二年十一月（776～777）	李靈曜（爲李忠臣所平）		汴州	汴宋曹徐泗兗鄆濮			大曆十二年八月李靈曜反
大曆十二年十二月～十四年三月（777～779）	李忠臣（爲李希烈所逐）	少從軍，在卒伍之中，材力冠異	汴州	汴宋曹徐泗兗鄆濮	淮西節度使		

大曆十四年三月～建中二年正月（779～781）	李勉		汴州	汴宋滑亳陳潁泗	永平軍節度使		
建中二年正月～貞元八年二月（781～792）	劉洽（卒於任）	少偶儻，不理生業，爲縣捕盜吏	宋州	宋亳潁	宋州刺史		號宣武軍自此始。興元元年宣武軍徙治汴州。
貞元八年二月（792）	吳湊（未之任）	章敬皇后之弟	汴州	汴宋亳潁	陝虢觀察使		
貞元八年四月～九年十二月（792～793）	劉士寧（爲汴軍所逐）	劉洽子	汴州	汴宋亳潁	汴州長史	汴軍所立	
貞元九年十二月～貞元十二年七月（793～796）	李萬榮（卒於任）	劉洽將	汴州	汴宋亳潁	宣武軍節度副使	逐劉士寧而得位	
貞元十二年七月～貞元十五年二月（796～799）	董晉（卒於任）	擢明經	汴州	汴宋亳潁	東都留守兵部尚書	中央派任	
貞元十五年二月（799）	陸長源（爲汴軍所殺）	陸餘慶之孫，長源淑書史	汴州	汴宋亳潁	行軍司馬	中央派任	
貞元十五年二月～八月	劉逸準	爲劉客奴之子，以父勳授別駕、長史	汴州	汴宋亳潁	宋州刺史	俱文珍及汴將所立	
貞元十五年九月～元和十四年八月（799～819）	韓弘（入朝）	劉洽之甥	汴州	汴宋亳潁	大理評事都知兵馬使	汴軍所立	
元和十四年八月～長慶元年三月（819～821）	張弘靖（調幽州盧龍軍節度）	張延賞子，以蔭爲河南參軍	汴州	汴宋亳潁	吏部尚書	中央派任	
長慶元年三月～長慶二年七月（821～822）	李愿（爲汴軍所逐）	李晟子	汴州	汴宋亳潁	鳳翔節度使	中央派任	
長慶二年七月～長慶四年八月（822～824）	韓允（卒於任）	韓弘弟	汴州	汴宋亳潁	鄭滑節度使	中央派任	
長慶四年九月～大和二年十月（824～828）	令狐楚（入爲戶部尚書）	貞元七年進士第	汴州	汴宋亳潁	河南尹	中央派任	
大和二年十月～大和五年八月（828～831）	李逢吉（調東都留守）	進士第	汴州	汴宋亳潁	山南東道節度使	中央派任	
大和五年八月～大和七年七月（831～833）	楊元卿（入爲太子太保，尋卒）		汴州	汴宋亳潁	河陽懷節度使	中央派任	

大和七年七月～大和九年六月（833～835）	李程（調河中節度使）	貞元十二年進士第，登宏辭科	汴州	汴宋亳潁	左僕射	中央派任	
大和九年五月～開成元年七月（835～836）	王智興（卒於任）	少驍銳，爲徐州衙卒	汴州	汴宋亳潁	河中節度使	中央派任	
開成元年七月～開成五年九月（836～840）	李紳（調淮南節度使）	元和初進士第	汴州	汴宋亳潁	河南尹	中央派任	
開成五年～會昌五年（840～845）	王彥威	明經甲科	汴州	汴宋亳潁	衛尉卿	中央派任	
會昌五年～會昌六年（845～846）	孫簡	元和初進士第	汴州	汴宋亳潁	興元尹	中央派任	
會昌六年～大中四年（846～850）	盧鈞（入爲太子少師）	元和四年進士第，書判拔萃	汴州	汴宋亳潁	戶部尚書	中央派任	
大中四年（850）	盧弘正（卒於鎮）	元和末年進士第	汴州	汴宋亳潁	武寧軍節度使	中央派任	
大中五年（851）	鄭朗（入爲工部尚書）	長慶元年，登進士甲科	汴州	汴宋亳潁	北平軍使	中央派任	
大中六年～大中七年（852～853）	崔龜從	元和十二年進士第	汴州	汴宋亳潁	同平章事	中央派任	
大中七年～大中十年（853～856）	劉瑑	開成初進士第	汴州	汴宋亳潁	河南尹	中央派任	
大中十年～大中十一年（856～857）	裴休	進士第	汴州	汴宋亳潁	宰相	中央派任	
大中十一年（857）	馬植（卒於任？）	元和十四年進士第，登制策科	汴州	汴宋亳潁		中央派任	
大中十一年～大中十三年（857～859）	鄭涯（調山南東道節度使）		汴州	汴宋亳潁	宰相	中央派任	
大中十三年～咸通元年（859～860）	畢諴	大和進士第，書判拔萃	汴州	汴宋亳潁		中央派任	
咸通二年（861）	楊漢公	大和八年進士第，書判拔萃	汴州	汴宋亳潁		中央派任	
咸通二年～咸通三年（861～862）	令狐綯（調淮南節度使）	大和四年進士及第	汴州	汴宋亳潁	河中節度使	中央派任	

咸通四年（863）	李福	李石弟，大和進士及第	汴州	汴宋毫潁	判度支	中央派任	
咸通四年～咸通五年（863～864）	蔣伸	進士及第	汴州	汴宋毫潁	河中節度使	中央派任	
咸通五年～咸通八年（864～867）	鄭處誨	大和八年登進士第	汴州	汴宋毫潁	刑部尚書	中央派任	
咸通九年～咸通十一年（868～870）	李蔚	舉進士、書判拔萃	汴州	汴宋毫潁	吏部侍郎	中央派任	
咸通十一年十一月～咸通十二年十二月（870～871）	鄭從讜	進士及第	汴州	汴宋毫潁	吏部侍郎	中央派任	
咸通十二年～咸通十四年（871～873）	歸仁誨		汴州	汴宋毫潁		中央派任	
咸通十四年～乾符二年（873～875）	王鐸	會昌初擢進士第	汴州	汴宋毫潁	宰相		
乾符二年～乾符六年（875～879）	穆仁裕		汴州	汴宋毫潁			
廣明元年～中和三年（880～883）	康實		汴州	汴宋毫潁			
中和三年～天祐四年（883～907）	朱全忠	黃巢降將	汴州	汴宋毫潁	河中行營招討副使		

註：本表據吳廷燮，《唐方鎮年表》及《新唐書》、《舊唐書》編成。

表二十五：忠武軍節度使表

時　　　間	節度長官及（遷調）	出　　身	駐地	節度區分併	職前經歷	與中央關係	備　註
乾元元年四月（758）	魯炅	范陽人，助平安史之亂有功	鄭州	陳鄭潁毫	鄧州刺史	奉朝命	
乾元元年六月（758）	彭元曜		鄭州	陳鄭申光壽	右羽林大將軍	奉朝命	
乾元元年九月～上元二年（758～761）	李抱玉	少長西州，好騎射，常從軍幕，沉毅有謀	鄭州	鄭陳潁毫	右羽林將軍	奉朝命	上元二年廢鄭陳節度，以鄭陳潁毫四州隸淮西

貞元二年七月～貞元十五年八月（786～799）	曲環（卒於任）	少讀兵書，尤以勇敢騎射聞。助平李希烈有功	許州	陳許	隴右行營節度使	奉朝命	新表載貞元十年賜陳許節度號忠武軍
貞元十五年八月～貞元十九年（799～803）	上官涚（卒於任）	助平吳少誠有功	許州	陳許	陳州刺史陳許兵馬使	奉朝命	
貞元十九年五月～元和八年五月（803～813）	劉昌裔（詔還京師）	不詳	許州	陳許	陳許行軍司馬	奉朝命	
元和八年六月～元和九年十月（813～814）	韓皋（召為吏部尚書）	韓滉子，夙負令名，而器質厚重有大臣之度	許州	陳許	東都留守	奉朝命	舊紀載為忠武軍節度使，此後忠武與陳許之名互見
元和九年十月（814）	李光顏	稽阿跌之族，善騎射。討李懷光、楊惠琳有功	許州	陳許	陳州刺史忠武軍節度副使	奉朝命	
元和十二年（817）	李光顏		許州	陳許溵			
元和十三年五月（818）	李光顏（調義成軍節度使）		許州	陳許溵蔡			
元和十三年五月（818）	馬摠	少孤貧，好學性剛直，不妄交遊	許州	陳許溵蔡	彰義軍節度使	奉朝命	
元和十三年十月～元和十四年五月（818～819）	李光顏（調邠寧慶節度使）	稽阿跌之族，善騎射。討吳元濟、李師道有功	許州	陳許溵蔡	義成軍節度使	奉朝命	討吳元濟、李師道有功
元和十四年五月～八月（819）	郗士美（卒於任）	少好學，善記覽，未冠為陽翟丞。助討王承宗有功	許州	陳許溵蔡	工部尚書	奉朝命	
元和十四年九月～長慶元年十二月（819～821）	李遜（調鳳翔節度使）	進士及第	許州	陳許溵蔡	國子祭酒	奉朝命	
長慶元年十二月（821）	李光顏	稽阿跌之族，善騎射	許州	陳許溵蔡	鳳翔節度使	奉朝命	仍兼梁冀行營節度
長慶二年（822）	李光顏	稽阿跌之族，善騎射	許州	陳許蔡	鳳翔節度使	奉朝命	以李光顏為橫海軍節度使，仍兼忠武、梁冀行營節度如故，三月還鎮許州

長慶三年～寶曆元年七月（823～825）	李光顏（調北京留守）	稽阿跌之族，善騎射	許州	陳許蔡	鳳翔節度使	奉朝命	
寶曆元年七月～大和元年四月（825～827）	王沛（卒於任）	年十八，有勇決。上官涗署爲牙門將。討吳元濟、李夲有功	許州	陳許蔡	兗海節度使	奉朝命	
大和元年四月～大和六年三月（827～832）	高瑀（調武寧軍節度使）	渤海蓨人。少好論兵，釋褐右金吾冑曹	許州	陳許蔡	太僕卿	奉朝命	
大和六年三月～大和七年九月（832～833）	王智興（調河中晉絳慈隰節度使）	少驍銳，爲徐州衙卒。平李師道、李同捷有功	許州	陳許蔡	武寧軍節度使	奉朝命	
大和七年九月～大和八年六月（833～834）	高瑀（卒於任）	渤海蓨人。少好論兵，釋褐右金吾冑曹	許州	陳許蔡	刑部尚書	奉朝命	
大和八年六月（834）	杜悰	杜佑孫，元和九年尙岐陽公主	許州	陳許蔡	鳳翔節度使、駙馬都尉	奉朝命	
大和九年九月（835）	李聽	李晟子	許州	陳許蔡	鳳翔節度使	奉朝命	
大和九年十月～開成二年十二月（835～837）	杜悰（調工部尚書）	杜佑孫，元和九年尙岐陽公主	許州	陳許蔡		奉朝命	
開成二年十一月～開成三年七月（837～838）	殷侑（卒於任）	貞元末，以五經登第	許州	陳許蔡	太子賓客分司東部	奉朝命	
開成三年七月～開成五年（838～840）	王彥威（調宣武節度使）	世儒家，尤好三禮	許州	陳許蔡	衛尉卿	奉朝命	
開成五年～會昌三年四月（840～843）	王茂元（調河陽節度使）	王栖曜子，幼有勇略，從父征伐知名	許州	陳許蔡	嶺南節度使	奉朝命	獨賄中官而得節度
會昌三年四月～會昌四年十二月（843～844）	王宰	王智興子，少拳果，長隸神策軍。平劉稹有功	許州	陳許蔡	太原節度使	奉朝命	
會昌四年十二月～會昌五年（844～845）	劉沔（調太原節度）	許州牙將。討吳元濟有功，歷破黨項，迴鶻	許州	陳許蔡	義成節度使	奉朝命	討吳元濟有功，歷破黨項，迴鶻
會昌五年～會昌六年（845～846）	李執方		許州	陳許蔡	義武節度使	奉朝命	

大中元年（847）	盧簡辭	元和進士	許州	陳許蔡	戶部侍郎	奉朝命	
大中元年～大中六年（847～852）	高鉥	元和進士	許州	陳許蔡	義成節度使	奉朝命	
大中七年～大中九年（853～855）	王逢	王沛子，少沈勇，從父征伐有功。平劉稹有功	許州	陳許蔡	忠武都知兵馬使	奉朝命	
大中九年～大中十年（855～856）	馬植	元和十四年進士	許州	陳許蔡	太子賓客分司東都	奉朝命	
大中十一年四月～大中十三年（857～859）	裴識	裴度子，性敏略，凡經目未始忘	許州	陳許蔡	涇原節度使	奉朝命	
咸通四年～咸通八年（863～867）	孔溫裕	進士	許州	陳許蔡	戶部侍郎	奉朝命	
咸通九年～咸通十年（868～869）	李琢	李聽子，以家蔭仕，不為士大夫稱道	許州	陳許蔡	義昌節度使	奉朝命	
咸通十一年～乾符元年（870～874）	曹汾	進士	許州	陳許蔡	河南尹	奉朝命	
乾符元年～乾符二年（874～875）	杜審權	進士	許州	陳許蔡	河中晉絳節度觀察等使	奉朝命	
乾符三年～乾符五年（876～878）	崔安潛	大中進士	許州	陳許蔡	江西觀察使	奉朝命	
乾符五年～廣明元年（878～880）	薛能（為軍士所逐）		許州	陳許蔡	武寧節度使	奉朝命	
廣明元年～中和四年（880～884）	周岌		許州	陳許		職貢不入，賞罰由己	新表，蔡州置奉國軍節度
中和四年十一月～光啓二年七月（884～886）	鹿晏弘（為秦宗權所殺）	王淑部將	許州	陳許			
光啓三年五月～文德元年（887～888）	楊守宗	楊復光養子	許州	陳許	扈駕都頭	奉朝命	權知許州事
文德元年十一月（888）	王蘊（為秦宗權所執）		許州	陳許			

龍紀元年（889）	趙犨（卒於任）	世爲忠武牙將。破黃巢有功	陳州	陳許	泰寧、浙西節度	奉朝命，附朱全忠	
大順元年～乾寧二年（890～895）	趙昶（卒於任）	趙犨弟，世爲忠武牙將	陳州	陳許	兗州刺史	奉朝命，附朱全忠	
乾寧二年～天復元年十一月（895～901）	趙珝（調匡國軍節度使）	趙犨子，世爲忠武牙將	陳州	陳許	忠武行軍司馬	奉朝命，附朱全忠	
天復元年十一月～天祐元年三月（901～904）	韓建（調佑國節度使）		陳州	陳許	華州刺史	曾稱兵犯闕	
天祐元年六月～天祐二年十月（904～905）	朱全忠（調天平軍節度使）		陳州	陳許	宣武宣義天平護國等軍節度使	控制朝政	
天祐二年十月～天祐四年（905～907）	張全義		許州	陳許	天平軍節度	依附朱全忠	

註：本表據吳廷燮，《唐方鎮年表》及《新唐書》、《舊唐書》編成。

表二十六：義成節度使表

時　　間	節度長官及（遷調）	出　　身	駐地	節度區分併	職前經歷	與中央關係	備　註
上元二年五月～廣德元年（761～763）	令狐彰	京兆富平人。遠祖自敦煌徙家焉，代有冠冕。天寶中，以軍功累遷至左衛員外郎將。	滑州	滑魏德貝衛相	史思明降將	奉朝命	名爲滑衛節度使。新表：上元二年以德州隸淄沂節度而增領博州
廣德元年～大曆四年（763～769）	令狐彰		滑州	滑毫德			新表：衛州隸澤潞，相貝別置節度。名爲滑毫節度
大曆四年～大曆八年正月（769～773）	令狐彰（卒於任）		滑州	滑毫德陳			新表：大曆七年賜爲永平節度
大曆八年正月～大曆十一年（773～776）	李勉	宗室	滑州	滑毫德陳	嶺南節度觀察使	奉朝命	

大曆十一年～大曆十四年（776～779）	李勉		滑州	滑亳德陳宋泗		新表：十一年增領宋泗二州
大曆十四年～建中二年（779～781）	李勉		汴州	滑亳德陳宋泗汴潁		新表：十四年增領汴潁二州
建中二年～興元元年（781～784）	李勉		汴州	鄭滑汴德陳		新表：建中二年增領鄭州，宋亳潁別置節度，泗州隸淮南
興元元年閏十月～貞元二年九月（784～786）	李澄（卒於任）	遼東襄平人，隋蒲山公寬之遠冑。以勇驍隸江淮都統李峘府爲偏將。	滑州	鄭滑德陳	滑州刺史，後降李希烈，復反正	奉朝命	新表：興元元年以汴州隸宣武軍，貞元元年更號義成軍節度，增領許州
貞元二年九月～貞元九年五月（786～793）	賈耽（入爲相）	滄州南皮人，天寶中舉明經。	滑州	鄭滑德陳許	東都畿唐鄧汝等防禦觀察使	奉朝命	新表：貞元三年以陳許爲陳許節度使
貞元九年五月～貞元十年二月（793～794）	李融（卒於任）		滑州	鄭滑德	鄭州刺史		
貞元十年～貞元十三年四月（794～797）	李復（卒於任）	李齊物子	滑州	鄭滑德	華州刺史	奉朝命	
貞元十三年四月～貞元十六年四月（797～800）	姚南仲（徵爲右僕射）	乾元初，制科登第	滑州	鄭滑德	陝虢都防禦觀察轉運等使	奉朝命	
貞元十六年四月～九月（800）	盧群	系出范陽。淮南陳少游聞其名，奏署幕府，已而薦諸朝。	滑州	鄭滑德	義成軍行軍司馬	奉朝命	
貞元十六年九月～元和元年（800～806）	李元素	李敬玄弟	滑州	鄭滑德	尙書右丞	奉朝命	
元和元年十月～元和七年十月（806～812）	袁滋（入爲戶部尚書）	趙贊以處士荐，授校書郎，曾爲相	滑州	鄭滑德	吉州刺史	奉朝命	
元和七年八月～元和十三年（812～818）	薛平（入爲左金吾大將軍）	薛嵩子	滑州	鄭滑德	左龍武大將軍	奉朝命	

元和十三年五月～十月（818）	李光顏（調忠武軍節度使）	武將，有平淮、蔡功	滑州	鄭滑德	忠武軍節度使	奉朝命	
元和十三年十月～元和十四年三月（818～819）	薛平（調平盧軍節度）	薛嵩子	滑州	鄭滑德	左金吾大將軍	奉朝命	
元和十四年二月～元和十五年十月（819～820）	劉悟（調昭義節度使）	助平淄青有功	滑州	鄭滑德	淄青兵馬使	奉朝命	
元和十五年十月～長慶二年二月（820～822）	王承元（調鄜坊節度使）	王承宗弟	滑州	鄭滑德	鎮冀深趙等觀察支度使	奉朝命	
長慶二年二月～七月（822）	韓充（調爲宣武軍節度使）	韓弘弟	滑州	鄭滑德	鄜坊節度使	奉朝命	
長慶二年八月～長慶三年八月（822～823）	曹華（卒於任）	武將，平李齊有功	滑州	鄭滑德	兗海沂密節度	奉朝命，雖武人，尤重士大夫	新表：二年增領潁州。
長慶三年～寶曆元年（823～825）	高承簡	高崇文子，武將	滑州	鄭滑德	兗海沂密等州觀察處置等使	奉朝命	
寶曆元年閏七月～大和三年六月（825～829）	李聽（調魏博節度使）	李晟子，元和中，助平李師道有功	滑州	鄭滑德	河東節度使	奉朝命	
大和三年十月～大和四年十月（829～830）	李德裕（調劍南西川節度使）		滑州	鄭滑	兵部侍郎	奉朝命	舊傳：九月爲鄭滑節度使
大和四年十月～十二月（830）	崔元略（卒於任）	博陵崔氏，進士	滑州	滑州	東都留守	奉朝命	
大和四年十二月～大和九年（830～835）	段嶷（調右金吾衛大將軍）	段秀實孫	滑州	滑州		奉朝命	
大和九年八月～開成元年（835～836）	史孝章（入爲右領軍衛大將軍）	史憲誠子	滑州	滑州		奉朝命	
開成元年四月～開成五年（836～840）	裴弘泰		滑州	滑州	亳州刺史		
開成五年～會昌三年（840～843）	高銖	元和六年進士	滑州	滑州		奉朝命	
會昌三年～會昌四年三月（843～844）	劉沔（調河陽節度使）	原許州牙將	滑州	滑州	河東節度使	奉朝命	

時間	姓名	備註		官職		
會昌五年～會昌六年（845～846）	崔元式（入爲相）	崔元略弟	滑州	滑州	河東節度使	奉朝命
會昌六年～大中元年（846～847）	周墀	長慶二年進士	滑州	滑州	洪州刺史江南西道觀察使	奉朝命
大中元年～大中三年（847～849）	盧弘正（調武寧節度）	元和末進士	滑州	滑州		奉朝命
大中三年～大中四年（849～850）	韋讓		滑州	滑州		
大中五年～大中六年（851～852）	韋愨（調武昌節度使）		滑州	滑州		
大中六年～大中八年（852～854）	李業		滑州	滑州	振武節度使	
大中八年～咸通二年（854～861）	李福（入爲刑部侍郎）	大和七年進士	滑州	鄭滑潁	商鄭汝潁四州刺史	奉朝命
咸通二年八月～咸通四年（861～863）	衛洙	衛次公子。舉進士，尚臨真公主。	滑州	鄭滑潁	工部侍郎	
咸通四年～咸通六年（863～865）	李荀		滑州	鄭滑潁	左散騎常侍	
咸通六年～咸通九年（865～868）	蕭倣	大和元年進士	滑州	鄭滑潁	戶部侍郎	奉朝命
咸通九年十一月～咸通十年十月（868～869）	康承訓（調爲河東節度使）	康日知子。	滑州	鄭滑潁	右金吾衛大將軍	
咸通十年十月～乾符元年（869～874）	杜慆	杜佑子	滑州	鄭滑潁	泗州刺史	
乾符元年～乾符三年（874～876）	李稹		滑州	鄭滑潁		
乾符三年～乾符六年（876～879）	李嶧	太宗第三子吳王恪之孫。	滑州	鄭滑潁	太府卿	
中和二年～中和四年（882～884）	王鐸（調義昌節度使）	會昌初進士	滑州	鄭滑潁	荊南節度使	奉朝命

光啓元年～光啓二年 （885～886）	安師儒		滑州	鄭滑潁			新表：二年朱全忠請改義成軍節度為宣義軍節度以避其父名
光啓三年～大順元年 （887～890）	胡眞	朱全忠牙將	滑州	鄭滑潁			
大順元年十月～天祐四年 （890～907）	朱全忠		滑州	鄭滑潁			

註：本表據吳廷燮，《唐方鎮年表》及《新唐書》、《舊唐書》編成。

表二十七：河陽節度使表

時　間	節度長官及（遷調）	出　身	駐地	節度區分併	職前經歷	與中央關係	備　註
建中二年 （781）	路嗣恭	京兆三原人。歷仕郡縣，有能名。		鄭汝陝河陽三城	兵部尙書東都留守	奉朝命	
建中二年五月～貞元元年 （781～785）	李芃（辛於任）			懷鄭汝陝河陽三城	懷鄭河陽節度副使	奉朝命	
貞元元年～貞元四年 （785～788）	雍希顏			河陽懷	河陽都知兵馬使	奉朝命	名為都團練使
貞元四年十月～貞元十五年三月 （788～799）	李長榮（調昭義節度使）		河陽	河陽懷	右神策將	奉朝命	
貞元十五年三月～貞元二十年 （799～804）	衡濟		河陽	河陽懷	河陽節度押衙	奉朝命	
永貞元年二月～九月（805）	元韶		河陽	河陽懷	河陽行軍司馬		
永貞元年九月～元和五年四月 （805～810）	孟元陽（調昭義節度）	起陳許軍中，以嚴整稱	懷州	河陽孟懷	陳州刺史		
元和五年四月～元和十三年十一月（810～818）	烏重胤（調橫海軍節度）	河東將烏承玼子	懷州	河陽懷	昭義都知兵馬使		
元和十三年十一月～元和十四年（818～819）	令狐楚（入為相）	貞元七年進士及第。	懷州	河陽懷孟	華州刺史		

元和十四年七月～元和十五年（819～820）	魏義通（入為右龍武統軍）		懷州	河陽懷孟	黔中觀察使		
元和十五年～長慶元年（820～821）	田布（調涇原節度）	田弘正子	懷州	河陽懷孟	左金吾將軍		
長慶元年～長慶二年（821～822）	郭釗（調為河中節度使）	代宗外孫，郭曖與昇平公主子。	懷州	河陽懷孟	刑部尚書		
長慶二年八月～長慶三年（822～823）	陳楚（入為左羽林統軍）		懷州	河陽懷孟	東都留守		
長慶三年～寶曆二年（823～826）	崔宏禮（調華州刺史）		懷州	河陽懷孟	左羽林統軍		
寶曆二年五月～大和五年八月（826～831）	楊元卿（調宣武軍節度）	少孤，慷慨有術略，為吳少誠所拔。	懷州	河陽懷孟	涇原節度使		
大和五年八月～大和八年十一月（831～834）	溫造（入為御史大夫）	以處士自居，為張建封所擢。	懷州	河陽懷	東都留守		
大和八年十一月～大和九年十月（834～835）	蕭琪（調鄜坊節度）		懷州	河陽懷	左金吾衛大將軍		
大和九年～開成二年六月（835～837）	李泳（為河陽軍士所逐）		懷州	河陽懷	振武節度使		
開成二年六月～會昌三年（837～843）	李執方（調易定節度使）		懷州	河陽懷	左金吾衛將軍		新表：會昌二年徙治孟州 會昌五年增領澤州
會昌三年四月～九月（843）	王茂元（卒於任）	王栖曜子，德宗時上書自薦，擢試校書郎	孟州	河陽懷澤	忠武節度使		
會昌三年九月～會昌四年（843～844）	敬昕		孟州	河陽懷澤	河南尹		
會昌四年二月～十二月（844）	劉沔（移鎮許昌）	劉廷珍子，少孤，客振武，節度使范希朝署牙將。	孟州	河陽懷澤	滑州節度		
會昌四年十二月～會昌六年（844～846）	石雄（調鳳翔節度）	少為牙校，敢毅善戰。	孟州	河陽懷澤	兵部尚書		

會昌六年～大中三年（846～849）	李珏	甫冠舉明經，後更舉進士高第	孟州	河陽懷澤	太子賓客分司東都
大中三年～大中四年（849～850）	李栻（調河東節度）		孟州	河陽懷澤	
大中四年～大中七年（850～853）	王宰（調太子少保分司東都）	王智興子，長隸神策軍。	孟州	河陽懷澤	河東節度使
大中十一年～大中十三年（857～859）	韋澳（調平盧軍節度）	韋貫之子，第進士，復擢宏辭。	孟州	河陽懷澤	京兆尹
咸通三年～咸通五年（862～864）	王式	王播孫，以蔭爲太子正字，擢賢良方正科。	孟州	河陽懷澤	
咸通九年～咸通十二年（868～871）	崔彥昭（調河東節度使）	擢進士第	孟州	河陽孟懷澤	
咸通十二年～乾符元年（871～874）	穆仁裕		孟州	河陽孟懷澤	
乾符元年～乾符六年（874～879）	鄭延休		孟州	河陽孟懷澤	尚書左丞
廣明元年十一月（880）	李琢	李聽子，以家蔭仕，不爲士大夫稱道。	孟州	河陽孟懷澤	代北都統
廣明元年十一月（880）	羅元杲		孟州	河陽孟懷澤	神策將
中和元年二月～光啓二年（881～886）	諸葛爽（卒於任）	爲縣伍伯，曾亡命入盜中。李琢討沙陀，表爲副使。	孟州	河陽孟懷澤	
光啓二年十二月～光啓三年六月（886～887）	孫儒	以趫卞橫里中，隸忠武軍爲神校。	孟州	河陽孟懷澤	
光啓三年六月～文德元年（887～888）	李罕之	初爲浮屠，行丐市，曾得高駢表知光州事。	孟州	河陽孟懷澤	
文德元年四月（888）	丁會		孟州	河陽孟懷澤		朱溫部將

龍紀元年（889）	張宗厚		孟州	河陽孟懷澤			朱溫部將
龍紀元年～大順二年（889～891）	朱崇節		孟州	河陽孟懷澤			
大順二年～景福元年正月（891～892）	趙克裕		孟州	河陽孟懷澤			
景福元年五月（892）	張全義		孟州	河陽孟懷澤	河南尹		
景福二年（893）	丁會		孟州	河陽孟懷澤			
景福二年～乾寧三年（893～896）	張全義		孟州	河陽孟懷澤			
乾寧四年～天復元年（897～901）	丁會（調昭義節度使）		孟州	河陽孟懷澤			新表：光化二年罷領澤州
天復元年（901）	孟遷	孟方立從弟	孟州	河陽孟懷			
天復三年～天祐二年（903～905）	張漢瑜		孟州	河陽孟懷			
天祐二年三月～天祐四年（905～907）	王師範	王敬武子，自稱留後，嗣領軍。	孟州	河陽孟懷			

註：本表據吳廷燮，《唐方鎮年表》及《新唐書》、《舊唐書》編成。

表二十八：陝虢都防禦觀察處置等使表

時　　間	節度長官及（遷調）	出　身	駐地	節度區分併	職前經歷	與中央關係	備　註
乾元二年三月～上元元年四月（759～760）	來瑱（調山南東道節度使）	略兵書，尚名節，有大志。天寶初，從四鎮任劇職。	陝州	陝虢華	河西節度副使	奉朝命	新表：名爲陝虢華節度
上元元年四月～廣德元年十月（760～763）	郭英乂（調東京留守）	郭知運子，以武勇有名河、隴間，累遷諸衛員外將軍。	陝州	陝虢華	右羽林大將軍		新表：元年改陝虢華節度爲陝西節度上元二年，陝西節度罷領華州。

廣德元年十月～大曆九年八月（763～774）	皇甫溫（調越州刺史浙東觀察使）		陝州	陝虢		魚朝恩部將		舊紀：大曆五年一至三月，皇甫溫充鳳翔河隴節度使。
大曆九年十一月～大曆十年三月（774～775）	李國清（爲亂軍所逐）		陝州	陝虢		商州刺史		舊紀：名爲陝州觀察使
大曆十四年五月～十一月（779）	杜亞（調河中尹河中晉絳慈隰都防禦觀察使。	肅宗擢校書郎。	陝州	陝虢		江西觀察使	奉朝命	舊紀：杜亞爲陝州長史充轉運使
大曆十四年～建中二年二月（779～781）	李齊運（調河中尹河中晉絳防禦觀察使）	蔣王惲孫	陝州	陝虢		京兆少尹	奉朝命	
建中二年十一月～建中四年（781～783）	姚明式（從德宗至奉天）		陝州	陝虢				舊紀：姚明式爲陝州長史本州防禦陸運使
建中四年十一月～貞元元年（783～785）	張勸（爲兵馬使達奚抱暉鴆殺）		陝州	陝虢		陝州防禦副使		通鑑：更名爲陝虢節度使。新表：貞元元年改名都防禦觀察陸運使
貞元元年七月～貞元三年六月（785～787）	李泌（入爲相）	魏八柱國弼六世孫	陝州	陝虢		左散騎常侍	奉朝命	舊紀：任爲陝虢都防禦觀察陸運使
貞元三年～貞元四年六月（787～788）	盧嶽		陝州	陝虢		少府監		盧公墓誌：爲陝虢都防禦觀察轉運等使
貞元四年六月～貞元五年（788～789）	杜佑（調淮南節度使）	杜希望子，佑以蔭補濟南參軍事、剡縣丞。	陝州	陝虢		尙書左丞	奉朝命	舊紀：任爲陝虢觀察使
貞元五年十二月～貞元七年（789～791）	李翼		陝州	陝虢		司農卿		舊紀：以爲陝虢都防禦觀察使
貞元七年十一月～貞元八年二月（791～792）	吳湊（調宣武軍節度使）	章敬皇后弟。	陝州	陝虢		福建觀察使	奉朝命	舊紀：任爲陝虢觀察使
貞元八年二月～貞元十三年四月（792～797）	姚南仲（調義成軍節度）	乾元初，制科登第	陝州	陝虢		同州刺史	奉朝命	

貞元十三年四月～九月（797）	于頔（調山南東道節度使）	後周太師謹七世孫。蔭補千牛，調華陰尉。	陝州	陝虢		大理卿	奉朝命	
貞元十四年～元和元年（798～806）	崔琮		陝州	陝虢		同州刺史		舊紀：爲陝州大都督府長史陝虢觀察水陸轉運使
元和元年十一月～元和二年（806～807）	李上公		陝州	陝虢		司農卿		舊紀：爲陝虢觀察使
元和三年十二月～元和四年十二月（808～809）	房式（調河南尹）	進士第	陝州	陝虢		給事中	奉朝命	
元和四年十二月～元和六年二月（809～811）	張弘靖（調河中尹晉絳慈隰等州節度使）	張延賞子。少以門蔭授河南府參軍，調補藍田尉。	陝州	陝虢		戶部侍郎	奉朝命	舊紀：爲陝虢觀察陸運等使
元和六年二月～元和八年（811～813）	衛次公（入爲兵都侍郎）	進士第	陝州	陝虢		尙書右丞	奉朝命	舊紀：爲陝府長史陝虢觀察使
元和八年九月～元和十年（813～815）	竇易直（入爲京兆尹）	明經	陝州	陝虢		給事中	奉朝命	
元和十年～元和十三年（815～818）	崔從	進士第	陝州	陝虢		御史中丞	奉朝命	
元和十三年～元和十五年（818～820）	裴向（入爲左散騎常侍）	裴遵慶子。以蔭得調。	陝州	陝虢		大理寺卿	奉朝命	
元和十五年十一月～長慶二年（820～822）	衛中行		陝州	陝虢		華州刺史		
長慶二年十月～十一月（822）	令狐楚（入爲太子賓客分司東都）	貞元七年登進士第	陝州	陝虢		太子賓客	奉朝命	係貶授
長慶二年十一月～寶曆元年（822～825）	庾承宣		陝州	陝虢		尙書左丞		
寶曆二年～大和二年（826～828）	韋宏景（入爲尙書左丞）	貞元中舉進士	陝州	陝虢		吏部侍郎	奉朝命	
大和二年二月～大和四年正月（828～830）	王起（入爲尙書左丞）	王播弟貞元十四年舉進士	陝州	陝虢		兵部侍郎	奉朝命	

大和四年正月～大和五年八月（830～831）	崔鄲（調鄂岳安黃觀察使）	舉進士	陝州	陝虢		兵部侍郎	奉朝命
開成元年五月～開成二年九月（836～837）	鄭肅（入爲吏部侍郎）	元和三年進士第	陝州	陝虢		尚書右丞	奉朝命
開成二年（837）	盧行術（入爲福王傅分司東都）		陝州	陝虢		湖南觀察使	
開成三年二月～開成四年（838～839）	孫簡	元和初進士第	陝州	陝虢		同州刺史	奉朝命
開成四年八月～開成五年（839～840）	姚合	元和中進士及第	陝州	陝虢		給事中	奉朝命
開成五年～會昌四年（840～844）	韋溫（入爲吏部侍郎）	韋綬子，少舉兩經及弟，以拔萃高等補咸陽尉。	陝州	陝虢		尚書右丞	奉朝命
會昌四年～會昌五年四月（844～845）	李栻（任爲冊點戛斯可汗使）		陝州	陝虢			奉朝命
會昌五年三月～會昌六年（845～846）	崔鉉（調河中節度）	登進士第	陝州	陝虢		知政事	奉朝命
會昌六年～大中元年（846～847）	崔璪	進琪弟。	陝州	陝虢		給事中	奉朝命
大中元年～大中二年（847～848）	陳商		陝州	陝虢		禮部侍郎	
大中四年（850）	韋有翼		陝州	陝虢		刑部侍郎	
大中五年～大中七年（851～853）	夏侯孜	寶曆二年進士第	陝州	陝虢			奉朝命
大中八年九月～大中九年（854～855）	高少逸	高元裕兄，長慶末爲侍御史，後代元裕。	陝州	陝虢		右散騎常侍	奉朝命
大中十一年～大中十三年（857～859）	杜審權（調河中尹河中晉絳節度使）	進士第	陝州	陝虢		禮部侍郎	奉朝命

咸通七年～咸通九年（866～868）	楊知溫		陝州	陝虢	戶部侍郎	
咸通九年～咸通十年（868～869）	崔蘧（爲陝地亂民所逐）	大中二年進士及第	陝州	陝虢		奉朝命
乾符元年～乾符三年（874～876）	陸墉		陝州	陝虢	金部郎中	
乾符三年～乾符四年（876～877）	崔碣（爲軍士所逐）	進士及第	陝州	陝虢		奉朝命
乾符四年～乾符五年（877～878）	楊損（調淄青節度使）	楊嗣復子。繇蔭補藍田尉。	陝州	陝虢	給事中	奉朝命
乾符五年～乾符六年（878～879）	高潯		陝州	陝虢		
乾符六年～廣明元年（879～880）	盧渥（入爲禮部侍郎）		陝州	陝虢		
中和元年～光啓三年（881～887）	王重盈（調爲護國節度使）		陝州	陝虢		
文德元年～光化二年（888～899）	王珙（爲部下所殺）	王重盈子	陝州	陝虢	自據地盤父子相傳	新表：龍紀元年賜號保義軍節度
光化二年六月～十一月（899）	李璠（爲都將朱簡所殺）	爲王珙部將	陝州	陝虢		
光化二年十一月～天祐三年（899～906）	朱友謙		陝州	陝虢		朱簡改名朱友謙

註：本表據吳廷燮，《唐方鎮年表》及《新唐書》、《舊唐書》編成。

一、繼承之戰

汴宋節度使轄區位居河北三鎮南下與江淮糧食西北運之要衝，寶應元年（762）十月，以安史降將張獻誠爲汴州節度使，十一月，以戶部侍郎劉晏兼河南道水陸轉運都使以統籌漕政。代宗廣德元年（763）十月，吐蕃入寇，陷長安，代宗幸陝〔註62〕，關中空窘，於是盛轉輸以給用。十二月，代宗回蹕。

〔註62〕吐蕃對唐之領土野心，因安史之亂而益熾，《資治通鑑》，卷二二三〈唐紀三

「廣德二年，廢句當度支使，以劉晏顯領東都、河南、淮西、江南東西轉
運、租庸、鑄錢、鹽鐵，轉輸至於上都，度支所領諸道租庸觀察使，凡漕事
亦皆決於晏。」〔註63〕三月庚戌，代宗「又命晏與諸道節度使均節賦役，聽
便宜行畢以聞。」〔註64〕轉運使與諸鎮之關係益密切而不可分。至大曆元年
（766）正月，代宗以轉運使事太繁劇，「以戶部尚書劉晏為都畿、河南、淮
南、江南、湖南、荊南、山南東道轉運、常平、鑄錢、鹽鐵等使，侍郎第五
琦為京畿、關內、河東、劍南、山南西道轉運等使，分理天下財賦。」〔註65〕

　　河北諸鎮雖脫離中央而獨立，但各鎮間仍互相猜忌侵略，唐政府亦利用
此關係以牽制之。相衛節度區緊鄰汴州，田承嗣與唐中央皆欲得之以自安。
大曆八年（773）正月相衛節度使薛嵩卒，嵩弟崿欲邀旄節，唐以李承昭代薛
嵩，崿為衙將裴志清所逐而歸於承嗣。大曆十年（775），薛崿歸朝，田承嗣
將兵襲相州，代宗遣中使孫知古使魏州宣慰，令各守封疆。田承嗣不奉詔，
並遣大將盧子期攻洺州，楊光朝攻衛州，田悅攻汴州。代宗怒，貶承嗣永州
刺史，並令河東節度使薛兼訓、成德節度使李寶臣、幽州節度留後朱滔、昭
義節度李承昭、淄青度李正己、淮西節度李忠臣、永平軍節度使李勉、汴宋
節度田神玉等，犄角進軍。承嗣四面受敵，麾下大將，復多携貳，遂遣牙將

十九〉，代宗廣德元年七月條，頁7146～7147載云：「唐自武德以來，開拓邊
境，地連西域，皆置都督、府、州、縣。開元中，置朔方、隴右、河西、安
西、北庭諸節度使以統之，歲發山東丁壯為戍卒，繒帛為軍資，開屯田、供
糗糧、設監牧、畜馬牛，軍城戍邏，萬里相望。及安祿山反，邊兵精銳者皆
徵發入援，謂之行營，所留兵單弱，胡虜稍蠶食之：數年間，西北數十州相
繼淪沒，自鳳翔以西，邠州以北，皆為左衽矣。」由此可知吐蕃入據長安之
速。

〔註63〕見《新唐書》，卷五十三〈食貨三〉，頁1368～1369載劉晏受此重任後之措施
云：「晏即鹽利顧傭分吏督之。隨江、汴、河、渭所宜。故時轉運船縣潤州陸
運至揚子，斗米費錢十九，晏命囊米而載以舟，減錢十五；縣揚州距河陰，
斗米費錢百二十，晏為歇艎支江船二千艘，每船受千斛，十船為綱，每綱三
百人，篙工五十，自揚州遣將部送至河陰，上三門，號『上門填闕船』，米斗
減錢九十。調巴、蜀、襄、漢麻枲竹篠為絢挽舟，以朽索腐材代薪，物無棄
者。未十年，人人習河險。江船不入汴，汴船不入河，河船不入渭：江南之
運積揚州，汴河之運積河陰，河船之運積渭口，渭船之運入太倉。歲轉粟百
一十萬石，無升斗溺者。輕貨自揚子至汴州，每馱費錢二千二百，減九百，
歲省十餘萬緡。又分官吏主丹楊湖，禁引漑，自是河漕不涸。大曆八年（773），
以關內豐穰，減漕十萬石，度支和糴以優農。」

〔註64〕見《資治通鑑》，卷二二三〈唐紀三十九〉，代宗廣德二年三月條，頁7164。

〔註65〕同前註引書，卷二十二〈唐紀四十〉，代宗大曆元年春正月條，頁7188。

郝光朝奉表請罪，代宗赦之，復其官爵〔註66〕。此役唐政府成功的運用藩鎮之間的矛盾，以大包圍戰略嚇阻田承嗣的領土野心，亦保全了通濟渠運道的主控權。

唐中央政府倚江淮爲國命這個事實，舉國皆知，代宗對於通濟渠沿岸的重鎮：汴州，委以忠朴幹勇的田神功、田神玉兄弟〔註67〕；淮南委之崔圓〔註68〕；陝虢委之皇甫溫；滑亳委之令狐彰〔註69〕，以上各節度使出身不一，然皆御下頗嚴，對朝廷忠心，且均久任，劉晏在此條件下，得以發揮其轉運的長才。代宗大曆八年（773）二月，令狐彰臨終且推劉晏及李勉以自代。〔註70〕

河北藩鎮貢賦不入中央，自推留後，已爲當時人所習知，代宗德宗二帝四十餘年間，外受吐蕃、回紇侵凌，內則藩鎮連兵，變亂頻仍，朝廷無法予以制裁，只好姑息（見表二十九），此予野心分子可乘之機。汴卒守財賦吞吐咽喉，扼河北藩鎮南下之要地，自應清楚其重要性，若汴卒北連魏博，南阻通濟航道，唐政府危機立現，則談判籌碼隱握手中，此汴州所以多兵變也。然大曆前期，滑亳爲治軍嚴厲之令狐彰所控制，汴宋又爲田神功、田神玉兄弟所掌握，汴卒尚稱安份。然自大曆八年（773）三月，令狐彰卒，以永平節度使李勉代之，接著河北因相衛節度使薛嵩之卒而引發了一場危機，至十年爆發了繼承之戰，十一年（776）五月，汴宋留後田神玉卒。都虞候李靈曜殺兵馬使濮州刺史孟鑒，北結田承嗣爲援。六月，代宗以方對田承嗣用兵，

〔註66〕 見《舊唐書》，卷一四一〈田承嗣傳〉，頁3838～3840；《舊唐書》，卷一四二〈李寶臣傳〉，頁3866～3867載：「大曆十年，寶臣、正己更言承嗣之罪，請討之，代宗欲因其相圖，乃從其請。時幽州節度留後朱滔方恭順朝廷，詔滔與寶臣及太原之師攻其北，正己與滑亳、河陽、江淮之師攻其南。……由是寶臣、朱滔共攻承嗣之滄州，連年未下。時承嗣使腹心將盧子期攻邢州，城將陷，寶臣發精卒赴救，擊敗之，擒子期來獻。河南諸將又大破田悅于陳留，正己收承嗣之德州，以重兵臨其境，指期進討。……」

〔註67〕 見《舊唐書》，卷一二四〈田神功傳〉，頁3532～3533。

〔註68〕 見《舊唐書》，卷一〇八〈崔圓傳〉，頁3279～3280。

〔註69〕 《舊唐書》，卷一二四〈令狐彰傳〉，頁3527～3530。令狐彰爲安史降將，但自鎮滑亳，風化大行。滑州瘡痍未復，城邑爲墟，彰以身勵下，一志農戰，內檢軍戎，外牧黎庶，法令嚴酷，人不敢犯。數年間，田疇大闢，庫藏充積，歲奉王稅及修貢獻，未嘗暫闕。時犬戎犯邊，徵兵防秋。彰遣屬吏部統營伍，自滑至京之西郊，向二千餘里，甲士三千人，率自齎糧，所過州縣，路次供擬，皆讓而不受，經閭里不犯秋毫，識者稱之。（見本傳）

〔註70〕 同註69。另見《資治通鑑》，卷二二四〈唐紀四十〉，代宗大曆八年二月條，頁7219～7220。

暫且姑息，遂以李靈曜爲汴宋留後，遣使宣慰。「李靈曜既爲留後，益驕慢，悉以其黨爲管內八州（汴、宋、曹、濮、兗、鄆、徐、泗）刺史、縣令，欲效河北諸鎮。」〔註71〕八月甲申，代宗詔淮西節度使李忠臣、永平節度使李勉、河陽三城使馬燧討之。淮南節度使陳少遊、淄青節度使李正己皆進兵擊靈曜。十月，李忠臣、馬燧與李靈曜轉戰於汴州城及汴河沿岸，靈曜敗，田承嗣遣田悅將兵來救，數戰，亦爲李忠臣將所破，李靈曜則爲李勉將杜如江所擒，亂平〔註72〕。十二月，以李忠臣爲汴州刺史。但「忠臣性貪殘好色，將吏妻女多被誘脅以通之。又軍無紀綱，所至縱暴，人不堪命。」〔註73〕大曆十四年（779）三月，爲部將李希烈等所逐，代宗復以李勉爲汴宋節度使，移治於汴州。

表二十九：代宗德宗時各節度使內亂表

時　間	地　區	倡亂者	原　　因	結　　果
廣德元年（763）十二月	廣　南	呂太一		大掠廣州，官軍平之
廣德二年（764）九月	河　中	軍　眾	詔徵河中兵討吐蕃。	劫節度使崔寓家財及民家財產殆盡，吏不能禁。終夕乃定。
永泰元年（765）七月	淄　青	李懷玉	淄青節度使侯希逸好遊畋，軍州苦之，爲軍所逐。	制以李懷玉權知淄青留後。
永泰元年（765）十月	劍　南	崔　旰	劍南節度使郭英乂嚴暴驕奢、不恤士卒，爲其檢校西山兵馬使崔旰所殺。	邛州栢茂林、瀘州楊子琳、劍南李昌巎皆起兵討旰，蜀中亂。杜鴻漸討之不勝，詔以旰爲成都尹、劍南西川節度使。
永泰元年（765）十二月	華　州	龐　充	前虢州刺史龐充據華州謀叛。	
大曆二年（767）二月	徐　州	軍　亂		刺史梁乘逾城走。

〔註71〕見《資治通鑑》，卷二二五〈唐紀四十一〉，代宗大曆十一年八月條，頁7238；另參見《舊唐書》，卷一三一〈李勉傳〉，頁3633～3635；同書，卷一三四〈馬燧傳〉，頁3691。

〔註72〕見《資治通鑑》，卷二二五〈唐紀四十一〉，代宗大曆十一年八月至十一月條，頁7238～7239。

〔註73〕見《舊唐書》，卷一四五〈李忠臣傳〉，頁3942。

大曆二年 （767）三月	襄　州	梁崇義	殺大將李昭，據城自固。	詔授崇義山南東道節度使。
大曆三年 （768）五月	劍　南	楊子琳	崔旰入朝，楊子琳襲據成都府。	七月，崔旰弟寬攻破楊子琳，收復成都府。
大曆五年 （770）四月	湖　南	臧玠	湖南都團練使崔瓘為其兵馬使臧玠所殺，玠據潭州為亂。	澧州刺史楊子琳、道州刺史裴虯、衡州刺史楊濟出軍討玠。
大曆十年 （775）正月	昭　義	裴志清	昭義牙將裴志清逐其帥薛崿。薛崿奔洺州，上章待罪。志清率眾歸田承嗣。	代宗遣使宣諭田承嗣，田承嗣不奉昭，遂昭鄰鎮討之，田承嗣謝罪，復爵。
大曆十年 （775）二月	河　陽	軍　亂	逐城使常休明，迫牙將王惟恭為留後，軍士大掠數日。	常休明奔東都，至長安，素服請罪。
大曆十年 （775）三月	陝　州	軍　亂	逐觀察使李國清，縱兵大掠。	國清卑詞遍拜將士方免禍，一夕而定。
大曆十一年 （776）二月	河　陽	軍復亂		大掠三日，監軍使冉廷蘭率兵斬其亂首，乃定。
大曆十一年 （776）八月	汴　州	李靈曜	五月，李靈曜專殺濮州刺史孟鑒，北連田承嗣。授李靈曜濮州刺史，靈曜不受詔。	十月為李忠臣、杜如江等平定。
大曆十一年 （776）九月	淮　西	兵　亂		
大曆十四年 （779）	汴　宋	李希烈	節度使李忠臣為族侄李希烈所逐。	忠臣狼狽歸朝，以永平節度使李勉兼汴州刺史，增領汴鄆二州，徙鎮汴州。
建中元年 （780）四月	涇　原	劉文喜	楊炎欲城原州，以涇州兵為城具，劉文喜因反。	五月，涇州將劉海賓殺劉文喜降，涇州平。
建中二年 （781）二月	振　武	軍　士	節度使彭令芳苛虐，監軍劉惠光貪婪，軍士共殺之。	以汾州刺史王翃為振武軍使、鎮北、綏、銀等州留後。
建中四年 （783）十月	京　師	軍　亂	詔涇原節度使姚令言率涇原之師救哥舒曜，至滻水，倒戈謀叛。	姚令言不能禁，眾迎朱泚為帥，德宗幸奉天。為渾瑊、李晟等所平。
貞元二年 （786）七月	淮　西	吳少誠	少誠欲為李希烈報仇。	以少誠為申光隨蔡節度留後。
貞元四年 （788）七月	邠　寧	軍　亂	因韓遊環受代，軍士憚張獻甫之嚴，乘其無帥，縱兵大掠。	都虞候楊朝晟斬其亂首二百餘人，方定。
貞元八年 （792）二月	襄　州	軍　亂	山南東道節度判官李實知留後事，性刻薄，裁損軍士衣食。	掠府庫民財殆盡，都將徐誠斬其亂首楊清潭，方止。

貞元九年 （793）十二月	宣　武	軍　亂	劉士寧淫亂殘忍，出畋輒數日不返，軍中苦之。	逐節度使劉士寧。詔以通王諶爲宣武軍節度使，以李萬榮爲宣武軍節度、汴宋等州觀察留後。
貞元十年 （794）七月	汴　州	軍　亂	宣武親兵三百人素驕橫，萬榮遣詣京西防秋，大將韓惟清、張彥琳舉兵反。	攻節度留後李萬榮，不勝而潰，萬榮悉捕斬其孥。
貞元十二年 （796）七月	汴　州	軍　亂	李萬榮病，萬榮子迺自署爲兵馬使，軍人又逐迺，汴州亂。	詔以董晉帥之。
貞元十四年 （798）五月	長武城	軍　亂	以神策行營節度使韓全義爲夏綏、銀、宥節度使，士卒不樂徙居。	都虞候高崇文誅首亂者，眾然後定。
貞元十五年 （799）二月	汴　州	軍　亂	陸長源性刻急，恃才傲物；判官孟叔度，輕佻淫縱，好慢侮將士，軍中皆惡之。	軍士殺新任節度使陸長源，詔以宋州刺史劉逸準爲宣武軍節度使。
貞元十六年 （800）五月	徐　州	軍　亂	張建封卒，詔以韋夏卿爲徐泗濠行軍司馬。判官鄭通誠知留後，恐軍士爲變，引浙西兵入城爲援，軍士怒，殺通誠等人，劫建封子張愔知軍府事。	詔以杜佑討之，不勝，遂以愔爲徐州團練使。
貞元十八年 （802）十月	鄜　坊	何朝宗	節度使王栖曜薨，中軍將何朝宗謀作亂。	都虞候裴玢擒朝宗斬之。
貞元十九年 （803）十月	鹽　夏	李庭俊	鹽夏節度判官崔文先權知鹽州，爲政苛刻。	部將李庭俊作亂，殺之。左神策兵馬使李興幹戍鹽州，殺庭俊以聞。

　　註：資料取自《舊唐書・本紀》及《資治通鑑》。

　　李靈曜之反，相當程度影響到通濟渠的暢通〔註74〕，但李靈曜之亂，爲時甚短；運道之大規模受阻，始於德宗建中二年（781～782）築城危機所引發的河北藩鎮與唐中央的大衝突。

二、築城危機

　　大曆十四年（779）五月，代宗崩，太子即位，是爲德宗。德宗時已年屆

〔註74〕《舊唐書》，卷一三四〈馬燧傳〉，頁3691載：「（大曆）十一年五月，汴州大將李靈耀（曜）反，因據州城、絕運路，以邀節制。」另《資治通鑑》，卷二二七〈唐紀四十三〉，德宗建中二年（781）六月辛丑條，頁7302載：「李靈曜據汴州作亂，公私物過汴者皆留之，惟（郭）子儀物不敢近，遣其兵衛送出境。」

四十，經歷安史之亂、藩鎮強橫、吐蕃侵暴、回紇驕縱。因此，「初總萬機，勵精治道。思政若渴，視民如傷。」〔註75〕唯生性多疑，用人不當，終至一幸奉天，再幸梁州。

德宗即位未及一月即罷去三朝元老、中興功臣郭子儀兵柄，以李懷光、常謙光、渾瑊分其勢力〔註76〕，繼之廢殺轉運使劉晏，專任楊炎。李正己累表請晏罪，楊炎則委責於德宗，德宗聞而惡之，尋以盧杞代楊炎〔註77〕。盧

〔註75〕《舊唐書》，卷十三〈德宗本紀下〉，頁400～401載：「史臣曰：『德宗皇帝初總萬機，勵精治道。思政若渴，視民如傷。疑流延納於讒言，側席思求於多士。其始也，去無名之費，罷不急之官；出永巷之嬪嬙，放文單之馴象；減太官之膳，誡服玩之奢；解鷹犬而放伶倫，止榷酤而絕貢奉。……然而王霸迹殊，淳醨代變，揆時而理，斟酌斯難。……德宗在藩齒胄之年，曾為統帥；及出震承乾之日，頗負經綸。故從初罷郭令戈權，非次聽楊炎謬計，遂欲混同華裔，束縛奸豪，南行襄漢之誅，北舉恆陽之伐。出車雲擾，命將星繁，蠹國用不足以饋軍，竭民力未聞于破賊。一旦德音掃地，愁歎連甍，果致五盜僭擬於天王，二朱憑陵於宗社。奉天之窘，可為涕零，罪己之言，補之何益。所賴忠臣戮力，否運再昌。雖知非竟逐於楊炎，而受佞不忘於盧杞。用延賞之私怨，奪李晟之兵符；取延齡之奸謀，罷陸贄之相位。知人則哲，其若是乎！貞元之辰，吾道窮矣。』」

〔註76〕《資治通鑑》，卷二二五〈唐紀四十一〉，代宗大曆十四年（779）五月條，頁7259載：「郭子儀以司徒、中書令領河中尹、靈州大都督、單于、鎮北大都護、關內、河東副元帥、朔方節度、關內支度、鹽池、六城水運大使、押蕃部并營田及河陽道觀察等使，權任既重，功名復大，性寬大，政令頗不肅，代宗欲分其權而難之，久不決。甲申，詔尊子儀為尚父，加太尉兼中書令，增實封滿二千戶，月給千五百人糧、二百馬食，子弟諸婿邊官者十餘人，所領副元帥諸使悉罷之；以其裨將河東、朔方都虞候李懷光為河中尹、邠、寧、慶、晉、絳、慈、隰節度使，以朔方留後兼靈州長史常謙光為靈州大都督、西受降城、定遠、天德、鹽、夏、豐等軍州節度使，振武軍使渾瑊為單于大都護、東、中二受降城，振武、鎮北、綏銀、麟勝等軍州節度使，分領其任。」郭子儀有大軍功，又與回紇有深厚關係，代宗時主聯回抗蕃之策，回紇恃其有收復兩京之功、戡定河朔之勞，需索無度，「生靈之膏血已乾，不能供其求取；朝廷之法令並弛，無以抑其憑陵。」（《舊唐書》，卷一九五〈回紇傳〉，頁5216）且德宗為雍王時曾受辱於回紇，故即位後亟思去除此一外患，郭令公之罷兵柄，不亦宜乎？

〔註77〕見《舊唐書》，卷一二三〈劉晏傳〉，頁3516；同書，卷一一八〈楊炎傳〉，頁3422～3423。「楊炎既殺劉晏，朝野側目，李正己累表請晏罪，譏斥朝廷。炎懼，遣腹心分詣諸道，以宣慰為名，實使之密諭節度使云：『晏昔朋附姦邪，請立獨孤后，上自惡而殺之。』上聞而惡之，由是有誅炎之志，隱而未發。乙巳，遷炎為中書侍郎，擢盧杞為門下侍郎，並同平章事，不專任炎矣。杞蕞陋，無文學，炎輕之，多託疾不與會食；杞亦恨之。」（《資治通鑑》，卷二二六〈唐紀四十二〉，德宗建中二年二月條，頁7297）

杞姦邪，「忌能妒賢」、「陰禍賊物」〔註78〕朝中善類盡爲所排，見德宗銳於削平藩鎮，遂建議德宗「以刑名整齊天下」，終至藩鎮連兵，乘輿播越。

當安史之亂平定時，唐廷安撫降將，多授以節度使職位，成德節度使李寶臣、魏博節度使田承嗣，相衛節度使薛嵩，盧龍節度使李懷仙，收安史餘黨，各擁勁卒數萬，治兵完城，自署文武將吏，不供貢賦，與山南東道節度使梁崇義及李正己結爲婚姻，互爲表裏，意在以土地傳之子孫〔註79〕。田承嗣且選統內之驍健者萬人以自衛，稱爲牙兵〔註80〕。自是悍將受制於驕兵。大曆十三年（778），田承嗣卒，唐朝廷以田悅爲節度留後，田悅驍勇有膂力，性殘忍好亂，但能外飾行義，傾財散施，故人多附之，加以李寶臣爲之力請於朝，故得兵柄〔註81〕。建中二年（781）正月，李寶臣卒，田悅爲李惟岳請繼襲，德宗方銳意於藩鎮，不許，曰：「賊本無資以爲亂，皆藉我土地，假我位號，以聚其眾耳。曩日因其所欲而命之多矣，而亂日益滋，是爵命不足以已亂而適足以長亂也。」〔註82〕田悅乃與李正己各遣使詣惟岳，潛謀起兵拒命。

德宗初年的藩鎮大叛亂導火線爲唐政府增築汴州城。足食方能足兵，欲對河北藩鎮用兵，首先需確實掌握糧食軍品供應無缺，汴州自中唐以後地位日益重要，德宗欲加強此地防務，遂於建中二年（781）三月，命李勉增築汴州城，河北藩鎮謠傳德宗將有事於河北〔註83〕。淄青李正己聞訊，立即發兵

〔註78〕 參見《舊唐書》，卷一三五〈盧杞傳〉，頁3714。
〔註79〕 見《資治通鑑》，卷二二三〈唐紀三十九〉，代宗永泰元年（765）七月條，頁7175；另見《舊唐書》，卷一四二〈李寶臣傳〉，頁3866。
〔註80〕 見《資治通鑑》，卷二二二〈唐紀三十八〉，代宗廣德元年（762）六月條，頁7144；另見《舊唐書》，卷一四一〈田承嗣傳〉，頁3838。
〔註81〕 《舊唐書》，卷一四一〈田承嗣傳〉，頁3841；另見《資治通鑑》，卷二二六〈唐紀四十二〉，德宗建中二年（781）正月條，頁7292。
〔註82〕 同前註引《通鑑》，同卷，頁7293，其注云：「德宗銳於削平藩鎮而發是言，誠中肅、代之病，而終不能已亂，亦以召亂，所行者未能副其言也。」建中元年（780）五月，平涇原禪將劉文喜之亂，只歷時月餘，於德宗之對付藩鎮不啻一大鼓勵，且文喜傳首京師時，德宗亦曾向李正己派遣入朝之參佐示威，此亦造成河北藩鎮疑懼，益發團結。（見《舊唐書》，卷一二一〈李懷光傳〉，頁3492；《資治通鑑》，卷二二六〈唐紀四十二〉，德宗建中元年二月至五月條，頁7278～7281）
〔註83〕 見《舊唐書》，卷一四一〈田悅傳〉，頁3841；同書，卷一二四〈李正己傳〉，頁3535。《資治通鑑》，卷二二六〈唐紀四十二〉，德宗建中二年（781）三月條，頁7295。《舊唐書》，卷十二〈德宗本紀上〉，頁328載：「（建中二年）三

萬人屯曹州（今山東菏澤縣，至汴州二百四十五里），晝夜教習以爲備；魏博田悅亦完聚爲備，與山南東道節度使梁崇義、成德李惟岳遙相應助，河南士民騷然驚駭〔註84〕。德宗怒，立即將汴、宋、滑三州分建爲三節度，以東抗李正己，北禦田悅；另升蔡州之隗城縣爲溵州，以西備梁崇義，又移京西防秋兵九萬二千人以鎮關東，重任駐汴州之永平節度使李勉，使之都統汴、宋、亳、滑、陳、潁、泗、懷、鄭、汝、陝，河陽三城等節度使，誠以汴州爲中流砥柱矣。〔註85〕

　　德宗討藩鎮，大肆運用犄角牽制之戰略，初期成效頗著，及藩鎮因利害攸關而調整敵友關係時，此種戰略便大打折扣。建中二年（781）正月，詔幽州盧龍軍節度使朱滔討李惟岳，神策都虞候李晟、河東節度使馬燧、昭義軍節度使李抱眞、河陽節度副使李芃討田悅，五月，田悅與李正己、李惟岳連兵拒命，遣兵馬使孟祐將步騎五千人北助惟岳，戰爭於焉開始。六月，以李希烈爲南平郡王，加漢南、漢北兵馬招討使，督諸道兵討梁崇義〔註86〕。八月，詔劍南西川節度使張延賞、東川節度使王叔邕、山南東道節度使賈耽、荊南節度使李昌巙、陳少游討梁崇義，以李希烈爲諸軍都統，數戰，崇義數敗，壬子，崇義伏誅〔註87〕。建中二年（781）八月，李正己卒，子李納繼位

月庚申朔，築汴州城。初，大曆中，李正己有淄、青、齊、海、登、萊、沂、密、德、棣、曹、濮、徐、兗、鄆十五州之地，李寶臣有恆、定、易、趙、深、冀、滄七州之地，田承嗣有魏、博、相、衛、洺、貝、澶七州之地，梁崇義有襄、鄧、均、房、復、郢六州之地，各聚兵數萬。始因叛亂得位，雖朝廷寵待加恩，心猶疑貳，皆連衡盤結以自固。朝廷增一城、浚一池，便飛語有辭，而諸盜完城繕甲，略無寧日。至是田悅初稟命，劉文喜殄除，群凶震懼。又奏計者還，都無賜與，既歸，皆構怨言。先是汴州以城隘不容眾，請廣之。正己、田悅移兵於境爲備，故詔分汴、宋、滑爲三節度，移京西防秋兵九萬二千人以鎮關東。又於隗城（今河南隗城縣治）置溵州。」

〔註84〕　見《資治通鑑》，卷二二六〈唐紀四十二〉，德宗建中二年（781）二月條，頁7295。

〔註85〕　《資治通鑑》，卷二二六〈唐紀四十二〉，德宗建中二年（781）二月條，頁7296載：「丙子，分宋、亳、潁別爲節度使，以宋州刺史劉洽爲之；以泗州隸淮南；又以東都留守路嗣恭爲懷、鄭、汝、陝四州、河陽三城節度使。旬日，又以永平節度使李勉都統洽、嗣恭二道，仍割鄭州隸之，選嘗爲將者爲諸州刺史，以備正己等。」

〔註86〕　見《資治通鑑》，卷二二七〈唐紀四十三〉，德宗建中二年（781）六月條，頁7301。

〔註87〕　見《新唐書》，卷七〈德宗本紀〉，頁186；《舊唐書》，卷一二一〈梁崇義傳〉，頁3490～3491。

仍與河北叛軍連兵。建中三年（782）正月丙寅，幽州節度使朱滔、張孝忠破李惟岳之兵於束鹿（今河北束鹿縣北二十五里）。閏正月，甲辰，成德軍兵馬使王武俊殺李惟岳，成德平。同月庚戌，馬燧、李抱眞、李芃破田悅於洹水，進圍魏州。時朱滔、王武俊因賞功不平，有憾於朝廷，悅知其可間，遣判官王侑、許士則說朱滔、王武俊共抗中央〔註88〕。五月，朱、王二藩遂發兵救田悅。六月二十八日，朱、王之師至魏州，神策將李懷光輕敵，爲所敗，德宗以李希烈、馬燧、李懷光、李晟等伐叛軍，自是叛軍與官軍隔河對壘長達四個月。十一月一日，河北及淄青等四鎮相約稱王。〔註89〕

李希烈受詔東討李納，「帥所部三萬徙鎮許州，遣所親詣李納，與謀共襲汴州；遣使告李勉，云已兼領淄青，欲假道之官。勉爲之治橋、具饌以待之，而嚴爲之備。希烈竟不至，又密與朱滔等交通，納亦數遣遊兵渡汴以迎希烈。由是東南轉輸皆不敢由汴渠，自蔡水而上。」〔註90〕「時朱滔等與官軍相拒累月，官軍有度支饋糧，諸道益兵，而滔與王武俊孤軍深入，專仰給於田悅，客主日益困弊，聞李希烈軍勢甚盛，頗怨望，乃相與謀遣使詣許

〔註88〕《舊唐書》，卷一四一〈田悅傳〉，頁 3842～3843 載：「會王武俊殺李惟岳，朱滔攻深州下之，朝廷以武俊爲恆州刺史，又以寶臣故將康日知爲深趙二州觀察使。是以武俊怨賞功在日知下，朱滔怨不得深州，二將有憾於朝廷。悅知其可間，遣判官王侑、許士則使於北軍，說朱滔曰：『……又聞司徒離幽州日，有詔得惟岳郡縣，使隸本鎮，今割深州與日知，是國家無信於天下也。且今上英武獨斷，有秦皇、漢武之才，誅夷豪傑，欲掃除河朔，不令子孫嗣襲。又朝臣立功立事如劉晏輩，皆被屠滅；昨破梁崇義，殺三百餘口，投之漢江，此司徒之所明知也。如馬燧、抱眞等破魏博後，朝廷必以儒德大臣以鎮之，則燕、趙之危可翹足而待也。若魏博全，則燕、趙無患，田尚書必以死報恩義。合從連衡，救災卹患，春秋之義也。春秋時諸侯有危者，桓公不能救則恥之。今司徒聲振宇宙，雄略命世，救鄰之急，非徒立義，且有利也。……』滔既有貳於國，欣然從之，乃命判官王郅與許士則同往恆州說王武俊，仍許還武俊深州。武俊大喜，即令判官王巨源報滔，仍知深州事。」

〔註89〕《舊唐書》，卷一四一〈田悅傳〉，頁 3844～3845 載：「悅感朱滔救助，欲推爲盟主。滔判官李子牟、武俊判官鄭儒等議曰：『古有戰國連衡誓約以抗秦，請依周末七雄故事，並建國號爲諸侯，用國家正朔，今年號不可改也。』於是朱滔稱冀王，悅稱魏王，武俊稱趙王，又請李納稱齊王。十一月一日，築壇於魏縣中，告天受之。滔爲盟主，稱孤；武俊、悅、納稱寡人。」另見《資治通鑑》，卷二二七〈唐紀四十三〉，德宗建中三年（782）十一月條，頁 7335～7336。

〔註90〕同前註引《資治通鑑》，同卷，同月，頁 7336～7337。

州，勸希烈稱帝，希烈由是自稱天下都元帥。」〔註91〕自是，「五賊株連半天下」〔註92〕。淮西節度使轄申、光、蔡、安、壽、陳、許、隋、唐等九州，治蔡州（即豫州），居漢水與通濟渠之間，北過汝州可窺東都，東沿淮水而下，可威脅濠、泗、楚州。希烈反叛，東爭通濟渠，西制漢水襄樊，運道幾絕，予唐政府莫大的威脅。故李希烈之加入叛亂陣營，使得因築汴州用城而引起的變亂進入新的階段。

三、運道爭奪戰

德宗初討藩鎮，「內自關中，西暨蜀漢，南盡江淮，北至太原，所在出兵，而李正己遣兵扼徐州甬橋（今安徽宿縣北二十里，跨汴水）、渦口（渦水入淮之口）；梁崇義阻兵襄陽，運路皆絕，人心震恐。江、淮進奉船千餘艘泊渦口不敢進。上（德宗）以和州刺史張萬福爲濠州刺史，萬福馳至渦口，立馬岸上，發進奉船，淄青將士停岸睥睨不敢動。」〔註93〕然徐州猶爲魏博、淄青軍所佔領，建中二年（781）十一月，德宗以朔方將唐朝臣攻徐州，至城下，魏博、淄青軍解圍，江淮漕運始通。〔註94〕

建中四年（783）正月，李希烈遣其將李克誠北向襲陷汝州（西北至東都一百七十里），又遣別將董待名等東出攻取尉氏縣（在汴州城南九十里，屬汴州），進圍鄭州，漕運爲之斷絕，希烈遊騎且西至彭婆（河南縣彭婆鎮），東都士民震駭，竄匿山谷，東都留守鄭叔則入保西苑。希烈同時又遣其將封有麟西向取鄧州，原經鄧州武關線之交通復受阻。正月壬寅，「詔治上津山路，置郵驛。」〔註95〕

李希烈派兵四出攻掠，目的在阻斷唐政府的交通線，以斷絕糧食來源，四月，德宗以永平、宣武、河陽都統李勉爲淮西招討使，東都汝州節度使哥舒曜副之，以荊南節度使張伯儀爲淮西應援招討使，山南東道節度使賈耽、

〔註91〕同註90。

〔註92〕見《新唐書》，卷二二五中〈李希烈傳〉，頁6438。

〔註93〕《資治通鑑》，卷二二七〈唐紀四十三〉，德宗建中二年（781）六月條，頁7302；《舊唐書》，卷一二四〈李正己傳〉，頁3535載：「又於徐州增兵，以扼江淮，於是運輸爲之改道。」

〔註94〕見《資治通鑑》，卷二二七〈唐紀四十三〉，德宗建中二年十一月條，頁7312。

〔註95〕見《資治通鑑》，卷二二八〈唐紀四十四〉，德宗建中四年正月條，頁7338～7341。另見嚴耕望，〈上津道〉，收入氏著《唐代交通圖考》第三卷，頁801～809。

江西節度曹王臯爲之副，採大包圍戰略共討李希烈〔註 96〕。八月，李希烈率眾三萬攻哥舒曜於襄城（屬汝州，東北至許州九十里，許州此時爲李希烈根據地）。九月，李勉欲乘虛攜李希烈巢穴之許州以解襄城之圍，遣唐漢臣率軍萬人救襄城，德宗遣中使責李勉違詔，漢臣狼狽而返，爲希烈將李克誠所敗。李勉復遣其將李堅四千人助守東都，爲希烈所阻不得歸，汴軍由是不振，襄城益危。

「舊制，諸道軍出境，皆仰給度支，上（德宗）優恤士卒，每出境，加給酒肉，本道糧仍給其家，一人兼三人之給，故將士利之。」〔註 97〕建中四年（783）十月，詔發涇原節度使姚令言率兵五千救襄城。軍士冒雨，寒甚，多攜子弟而來，冀得厚賜遺其家，既至京師，一無所賜，軍士譁變，進攻府庫。德宗倉皇出奔奉，叛軍遂擁曾任涇原節度使，當時廢居長安的朱泚爲帝〔註 98〕。涇原兵變時，李希烈破哥舒曜軍，陷襄城。希烈乘勝轉而東北直取汴州，李勉守城累月，救援不至，而希烈攻城日亟，李勉遂率眾萬餘人突圍至宋州。十二月庚午，李希烈陷大梁，滑州刺史李澄懾於兵鋒，以城降。希烈既取得運河要邑，復無後顧之憂，一則全力打通通濟渠航路，一則阻斷唐政府之補給線。希烈陷汴州，復遣兵攻陳留、雍邱、襄邑，皆下之。希烈乘勝攻寧陵（在宋州西四十五里），期襲宋州，江淮大震，淮南節度陳少遊且遣使送款。〔註 99〕

當兩河兵興，諸鎮叛命，乘輿播遷，朝廷艱難之際，南方藩鎮各閉境自守，朱泚圍奉天，侍御史萬俟著開金、商運路轉運江淮財賦以至奉天。及朱泚爲李懷光所敗，奉天之圍解，諸道貢賦繼至，朝廷用度始振〔註 100〕。及李

〔註 96〕《舊唐書》，卷一四五〈李希烈傳〉，頁 3944 載：「文武幕僚之盛，前後出師，未有其比。」然軍費之開銷已使中央政府無法承擔。《資治通鑑》，卷二二八〈唐紀四十四〉，德宗建中四年（783）六月條，頁 7346 載：「時河東、澤潞、河陽、朔方四軍屯魏縣，神策、永平、宣武、淮南、浙西、荊南、江西、沔鄂、湖南、黔中、劍南、嶺南諸軍環淮寧之境。」

〔註 97〕見《資治通鑑》，卷二二八〈唐紀四十四〉，德宗建中四年（783）六月條，頁 7346。

〔註 98〕見《資治通鑑》，卷二二八〈唐紀四十四〉，德宗建中四年（783）九、十月條，頁 7350～7360；《舊唐書》，卷二〇〇下〈朱泚傳〉，頁 5387～5388。

〔註 99〕見《舊唐書》，卷十二〈德宗本紀上〉，頁 337～338；同書，卷一三一〈李勉傳〉，頁 3636；同書，卷一四五〈李希烈傳〉，頁 3944～3945；《資治通鑑》，卷二二九〈唐紀四十五〉，德宗建中四年十二月條，頁 7388。

〔註 100〕見《資治通鑑》，卷二二九〈唐紀四十五〉，德宗建中四年（783）十一月條，

希烈陷汴州，江淮路絕，朝貢皆自宣、饒、荊、襄趣武關。江南西道節度使曹王皋治郵驛，平道路，由是往來之使，通行無阻〔註101〕。當時所闢之臨時運路，雖可救急，但未可長久，且沿途又有強藩盜賊之患，唐之糧運線不絕如縷。

朱泚作逆，河北諸鎮與朱滔携貳〔註102〕，興元元年（784）正月，德宗下詔罪己，復李希烈、田悅、王武俊、李納等爵位，並遣使宣慰〔註103〕。於是王武俊、田悅、李納皆去王號，上表謝罪。唯李希烈自恃兵強財富，興元元年正月稱帝，國號大楚，改元武成，以汴州爲大梁府，希烈自是分兵四出攻掠。先遣杜少誠將步騎萬餘人攻壽州，爲濠、壽、廬三州都團練使張建封所阻；南寇蘄、黃，欲斷江路，爲曹王皋將伊慎所敗。又遣驍將董侍率死士七千襲鄂州，爲刺史李兼所敗，德宗以李兼爲鄂、岳、沔都團練使，至是希烈不復萌窺江淮之志。〔註104〕

建中四年（783）十二月，李希烈將兵五萬圍寧陵，並引水灌城，濮州刺史劉昌以三千人守之，凡四十五日不釋甲。興元元年（784）二月，浙西節度

頁7375～7379載：「淮南節度使陳少遊將兵討李希烈，屯盱眙，聞朱泚作亂，歸廣陵，修塹壘，繕甲兵。浙江東、西節度使韓滉閉關梁，禁馬牛出境，築石頭城，穿井近百所，繕館第數十，修塢壁，起建業，抵京峴，樓堞相屬，以備車駕渡江，且自固也。……鹽鐵使包佶有錢帛八十萬，將輸京師，陳少遊以爲賊據長安，未期收復，欲強取之。佶不可，少遊欲殺之；佶懼，匿妻子於案牘中，急濟江。少遊悉收其錢帛；佶有守財卒三千，少遊亦奪之。佶纔與數十人俱至上元，復爲韓滉所奪。」

〔註101〕同註100。

〔註102〕其離間河北三鎮之說客爲賈林，《資治通鑑》，卷二二八〈唐紀四十四〉，德宗建中四年（783）十月條，頁7366載：「賈林復說武俊曰：『……滔自爲盟主以來，輕蔑同列。河朔古無冀國，冀乃大夫之封域也。今滔稱冀王，又西倚其兄（朱泚也），北引回紇，其志欲盡吞河朔而王之，大夫欲爲之臣，不可得矣。且大夫雄勇善戰，非滔之比；又本以忠義手誅叛臣（李惟岳），當時宰相處置失宜，爲滔所誑誘，故蹉跌至此。不若與昭義併力取滔，其勢必獲。滔既亡，則泚自破矣。此不世之功，轉禍爲福之道也。今諸道輻湊攻此，不日當平。天下已定，大手乃悔過而歸國，則已晚矣！』時武俊已與滔有隙，因攘袂作色曰：『二百年天子吾不能臣，豈能臣此田舍兒乎！』遂與抱真及馬燧相結，約爲兄弟……。」

〔註103〕見《舊唐書》，卷十二〈德宗本紀上〉，頁339～340；《資治通鑑》，卷二二九〈唐紀四十五〉，德宗興元元年正月條，頁7390～7392。

〔註104〕《資治通鑑》，卷二二九〈唐紀四十五〉，德宗興元元年正月條，頁7393～7394。

使韓滉命其將王栖曜將兵助劉洽拒希烈，栖曜以強弩數千游汴水，夜入寧陵城，次日希烈解圍去，希烈打通通濟渠之計劃遂告失敗。希烈轉而西南攻陳州，爲劉昌與李納之軍所破。諸軍乘勝進攻汴州，十一月，希烈奔歸蔡州，自此不再侵軼。劉洽率軍收汴州，德宗任爲汴宋節度使〔註105〕。德宗復遣李皋、樊澤、曲環、張建封繼續討伐李希烈。貞元二年（786）四月，陳仙奇使醫人陳仙甫毒殺希烈，朝廷遂以陳仙奇爲淮西節度使，七月，淮西兵馬使吳少誠殺陳仙奇，自爲留後，唐中央亦任吳少誠爲申光隋蔡節度留後。至此，紛擾達六年，牽動半壁江山之亂事，終告一段落。

德宗返蹕後，對藩鎮採取姑息政策。當時全國藩鎮共有四十餘處，大都呈半獨立狀態。而德宗又寵奸相裴延齡，重用宦官計臣，因此政績日壞，藩鎮的氣燄更形囂張。

興元元年（784），李希烈棄汴州，劉洽率軍收汴，德宗遂以劉洽爲汴宋節度使，賜名玄佐。「玄佐性豪侈，輕財重義，厚賞軍士，故百姓益困。是以汴之卒，始於李忠臣，訖於玄佐，而日益驕恣，多逐殺將帥，以利剽劫。」〔註106〕且「汴州自大曆來多兵事，劉玄佐益其師至十萬人。」〔註107〕運用眾多的精兵和有威望的武將，保障了運河的暢通。但以唐中央的立場，以武將掌握漕運的咽喉，究竟不如文人來的安全。當時藩鎮之兵皆是職業軍人，視當兵爲發財之一途徑，藩帥爲軍士所擁立者，必厚賞以爲酬庸，有異於是，變亂遂起。汴州爲水陸奧區，財賦所聚，節帥又有厚賞之習，唐中央數度欲收回控制權而不可得。德宗貞元八年（792）二月，劉玄佐卒，至貞元十六年（800）止，汴州發生五次兵變，頻率之高，全國第一〔註108〕。貞元十五年

〔註105〕見《舊唐書》，卷一二四〈李納傳〉，頁 3536；同書，卷一三二〈李澄傳〉，頁 3656～3657；同書，卷一四五〈劉玄佐傳〉，頁 3932；同書，同卷〈李希烈傳〉，頁 3945；同書，卷一五二〈王栖曜傳〉，頁 4069；同書，同卷〈劉昌傳〉，頁 4071。
〔註106〕見《舊唐書》，卷一四五〈劉玄佐傳〉，頁 3932；《新唐書》，卷二一四〈劉玄佐傳〉，頁 6000。
〔註107〕見韓愈，《韓昌黎集》，朱文公校注（上海商務印書館縮印元刊本，收入四部叢刊初編集部第三十九冊），卷三十七〈董公行狀〉，頁 232。另見《資治通鑑》，卷二三五〈唐紀五十一〉，德宗貞元十二年七月條，頁 7573。
〔註108〕《資治通鑑》，卷二三五〈唐紀五十一〉，德宗貞元十六年（800）正月條，頁 7586 載：「宣武軍自劉玄佐薨，凡五作亂，士卒益驕縱，輕其主帥。」胡三省注其五次作亂云：「貞元八年玄佐薨，汴卒拒吳湊而立其子士寧。李萬榮既逐士寧，十年，韓惟清等亂。十二年，萬榮死，其子迺以兵亂。董晉既入汴，

（799）八月，以大理評事宣武都知兵馬使韓弘為宣武軍節度使，韓弘視事數月，知其倡亂者，一日，盡斬之。迄韓弘入朝，二十餘年，無敢怙亂者〔註109〕，漕運亦暢行二十餘年。

第三節　元和中興與宣武軍節度使

經過德宗十幾年的姑息政策，到元和二年（807），「天下方鎮四十八，州府二百九十五，縣千四百五十三。其鳳翔、鄜坊、邠寧、振武、涇源、銀夏、靈鹽、河東、易定、魏博、鎮冀、范陽、滄景、淮西、淄青等十五道七十一州不申戶口外，每歲賦稅倚辦止於浙江東西、宣歙、淮南、江西、鄂岳、福建、湖南八道四十九州，一百四十四萬戶，比天寶稅戶四分減三。天下兵仰給縣官者八十三萬餘人，比天寶三分增一，大率二戶資一兵。」〔註110〕

憲宗以英年（二十七歲）即位，見貞元十年以後，朝廷威勢日削，方鎮權重，慨然發憤，志平僭叛，至延英議政，晝漏率下五六刻方退。「軍國樞機，盡歸之於宰相，由是中外咸理，紀律再張，果能剪削亂階，誅除群盜。」〔註111〕

德宗姑息之藩鎮主要仍為河北三鎮與淄青、淮西，對財賦要區之江淮地區及通濟渠所經之地，皆握有相當程度的控制權。汴州自貞元十五年（799）始即由韓弘坐鎮，俾西拒吳少誠，東抗李師古，雖四州（汴、宋、亳、潁）之征賦，未嘗上供，亦未見邀截糧運之事〔註112〕。徐州控江淮運路之咽喉，自貞元四年（788）始，以張建封為徐、泗、濠節度使，建封在鎮十餘年，軍

　　　鄧惟恭復謀亂。十四年，晉薨，兵又亂，殺留後。凡五亂。」
〔註109〕見《舊唐書》，卷一五六〈韓弘傳〉，頁4134。
〔註110〕見《資治通鑑》，卷二三七〈唐紀五十三〉，憲宗元和二年（807）十二月條，其注引宋白言曰：「國計簿比較數：天寶州郡三百一十五，元和見管總二百九十五，比較天寶應供稅州郡計少九十七：天寶戶總八百三十八萬五千二百二十三，元和見在戶總二百四十四萬二百五十四，比較天寶數稅戶通計少百九十四萬四千六百九十九：天寶租稅、庸、調每年計錢、粟、絹、布、絲、綿約五千二百三十餘萬端、匹、屯、貫、石，元和兩稅、榷酒、斛㪷、茶利總三千五百一十五萬一千二百二十八貫、石，比較天寶所入賦稅計少一千七百一十四萬八千七百七十貫、石。」
〔註111〕見《舊唐書》，卷十五〈憲宗本紀下〉，頁472；另見《新唐書》，卷七〈憲宗本紀〉，頁219。
〔註112〕見《舊唐書》，卷一五六〈韓弘傳〉，頁4136。

州稱理，十六年（800）建封卒，德宗欲以文人韋夏卿爲徐泗行軍司馬以代之，徐州軍士擁建封子愔爲留後，並求旌節，德宗不許，朝廷討之不勝，遂以愔爲徐州留後，另以泗州刺史張伾爲泗州留後，濠州刺史杜兼爲濠州留後以分其勢。張愔在徐州七年，百姓稱理。元和元年（806），張愔入朝，憲宗以王紹爲徐州刺史、武寧軍節度，復領濠、泗二州。紹修輯軍政，人甚安之〔註113〕。潤州爲江南河入江轉邗溝之要地，貞元十五年（799）任李錡爲刺史並兼鹽鐵使，以積財進奉爲德宗所喜。然亦恃此驕縱，無所忌憚，盜取縣官財，所部官屬無罪受戮者相繼。錡復欲爲自全計，增廣兵眾。貞元二十年（804），德宗於潤州置鎮海軍，以錡爲節度使。錡雖罷其利權，且得節度，反狀未發。〔註114〕

　　當時藩鎮仍以安史系最爲強盛，憲宗先對較弱藩鎮下手。元和元年（806）正月，劍南西川節度使劉闢反，憲宗採宰相杜黃裳之議，以高崇文爲神策行營節度使率諸軍討擊，九月，擒劉闢，西川平〔註115〕。同年三月，夏綏節度留後楊惠琳勒兵抵拒中央指派之節度使李演，憲宗遂詔發河東、天德軍討平之〔註116〕。蜀、夏既平，藩鎮惕息，多求入朝。鎮海軍節度使李錡亦不自安，求入朝，憲宗許之。錡尋反悔，憲宗詔徵之，錡計窮，遂謀反〔註117〕。十月乙丑，詔以淮南節度使王鍔統諸道兵爲招討處置使；另徵宣武、義寧、武昌兵并淮南、宣歙兵俱出宣州，江西兵出信州，浙東兵出杭州以討之，九日後亂平。〔註118〕

　　河北藩鎮在德宗時雖賦稅不入中央，自辟官屬，自擁留後，但亦無大規

〔註113〕見《舊唐書》，卷一四〇〈張建封傳〉，頁3832～3833；同書，卷一二三〈王紹傳〉，頁3520～3521；《資治通鑑》，卷二三五〈唐紀五十一〉，德宗貞元十六年五月條，頁7588～7590。

〔註114〕見《舊唐書》，卷一一二〈李錡傳〉，頁3341。

〔註115〕見《舊唐書》，卷十四〈憲宗本紀〉，頁411～419；同書，卷一四〇〈劉闢傳〉，頁3826～3828；同書，卷一五一〈高崇文傳〉，頁4051～4053；同書，卷一四七〈杜黃裳傳〉，頁3973～3974。

〔註116〕見《舊唐書》，卷十四〈憲宗本紀〉，頁413～416；同書，卷一六二〈韓全義傳〉，頁4247～4248。

〔註117〕見《資治通鑑》，卷二三七〈唐紀五十三〉，憲宗元和二年（807）九月條，頁7640；《舊唐書》，卷一一二〈李錡傳〉，頁3341～3342；《舊唐書》，卷一五八〈武元衡傳〉，頁4160。

〔註118〕見《資治通鑑》，卷二三七〈唐紀五十三〉，憲宗元和二年十月條，頁7641；《舊唐書》，卷十四〈憲宗本紀〉，頁422～423。

模叛亂之情勢。成德王士貞於貞元十七年（801）繼爲節度使，「得位之後，怡然守善，雖自補屬吏，賦不上供，然歲貢貨財，名爲進奉者，亦數十萬，比幽、魏二鎭，最爲承順。」〔註119〕幽州自劉濟於貞元元年（785）繼爲留後，至元和五年（810）爲其子總銃殺，二十餘年，頗稱恭順，然未曾入覲。魏博自貞元十二年（796），田緒死，田季安繼位，頗守父業，粗修禮法〔註120〕。反而是黃河以南之淄青、淮西叛亂無常，二節度恰居宣武軍節度轄區之東西，唐政府財賦區及運輸動脈都在此地，故此區藩鎭之叛服對唐政府之影響較河北尤大。

元和四年（809）三月，成德節度使王士貞薨，節度副大使王承宗自爲留後，憲宗「欲革河北諸鎭世襲之弊，乘王士貞死，欲自朝廷除人；不從則興師討之。」〔註121〕以當時形勢觀之，河北已非如代宗、德宗之強橫，然其父子相承、互爲婚姻、根深蒂固、盤根錯節，討之不易。八月，憲宗令京兆少尹裴武往成德宣慰，承宗奉詔甚恭，且割德、棣二州上獻。既而反悔，憲宗怒，遣吐突承璀等討之，不勝，承宗又上表自陳，五年（810）七月，赦之。〔註122〕

淮西自李希烈始成爲唐的心腹之患，吳少誠節度淮西二十餘年，日事完聚，不奉朝廷。元和四年（809）吳少誠卒，吳少陽繼爲留後，時憲宗以方討王承宗，遂授少陽爲彰義軍節度使。「少陽據蔡州凡五年，不朝覲。汝南多廣野大澤，得豢馬畜，時奪掠壽州茶山之利，內則數匿亡命，以富實其軍。」

〔註119〕見《舊唐書》，卷一四二〈王士眞傳〉，頁3877。
〔註120〕見《舊唐書》，卷一四一〈田季安傳〉，頁3847。
〔註121〕見《資治通鑑》，卷二三七〈唐紀五十三〉，憲宗元和四年四月條，頁7659。
〔註122〕見《資治通鑑》，卷二三八〈唐紀五十四〉，元和四年秋七月條，頁7663～7664載：「上又問：『今劉濟、田季安皆有疾，若其物故，豈可盡如成德付授其子，天下何時當平！議者皆言「宜乘此際代之，不受則發兵討之，時不可失。」如何？』（李絳等）對曰：『群臣見陛下西取蜀，東取吳，易於反掌，故諸諛躁進之人，爭獻策畫，勸開河北，不爲國家深謀遠慮，陛下亦以前日成功易而信其言。臣等夙夜思之，河北之勢與二方異。何則？西川、浙西皆非反側之地，其四鄰皆國家臂指之臣。劉闢、李錡獨生狂謀，其下皆莫之與，闢、錡徒以貨財啗之，大軍一臨，則渙然離耳。……成德則不然，內則膠固歲深，外則蔓連勢廣，其將士百姓懷其累代煦嫗之恩，不知君臣逆順之理，諭之不從，威之不服，將爲朝廷羞。又，鄰道平居或相猜恨，及聞代易，必合爲一心，蓋各爲子孫之謀，亦慮他日及此故也。萬一餘道或相表裏，兵連禍結，財盡力竭，西戎、北狄乘間窺覘，其爲憂患可勝道哉！……』」

〔註123〕元和七年（812）八月，魏博田季安卒，軍士擁田興爲留後，田興以六州（魏、博、貝、衛、澶、相）歸國，「幽（劉總）、恆（王承宗）、鄆（李師道）、蔡（吳少陽）有齒寒之懼，屢遣客間說，多方誘阻，而弘正（憲宗賜田興名田弘正）始終不移其操。」〔註124〕「李師道使人謂宣武節度使韓弘曰：『我世與田氏約相保援，今興非田氏族，又首變兩河事，亦公之所惡也！我將與成德合軍討之。』弘曰：『我不知利害，知奉詔行事耳。若兵北渡河，我則以兵東取曹州！』師道懼，不敢動。」〔註125〕

　　元和九年（814）九月，吳少陽卒，子吳元濟匿喪，以病聞，自領軍務。憲宗自平蜀後，即欲取淮西，至是少陽死近四十日，不爲輟朝，但易環蔡諸鎮將帥（以烏重胤爲汝州刺史，充河陽、懷、汝節度使；李光顏爲陳州刺史，充忠武都知兵馬使；以泗州刺史令狐通爲壽州防禦使；以袁滋爲荊南節度使；嚴綬爲山南東道節度使），益兵爲備。李吉甫言於憲宗，分析淮西可討之狀：「淮西非如河北，四無黨援，國家常宿數十萬兵以備之，勞費不可支也。失今不取，後難圖矣。」〔註126〕憲宗遣李君何往弔少陽，元濟不迎敕使，發兵四出，屠舞陽（屬許州）、焚葉縣、掠魯山、襄城，關東震駭。汝州、許州及陽翟人多逃伏山谷間，爲其殺傷驅掠者千里。十月，憲宗命李光顏、嚴綬討吳元濟。吳元濟縱兵侵掠，及於東都。十年（815）正月，命宣武等十六道進軍討伐。時憲宗欲用形勢以臨淮西，時宣武軍節度使韓弘方鎮汴州，當兩河賊之衝要，慮其異志，乃授弘淮西諸軍行營都統。而弘鎮宣武，十餘年不入朝，頗以兵力自負，朝廷亦不以忠純待之，另令李光顏、烏重胤負實際征討之責〔註127〕。面對十六道大軍，吳元濟遣使求救於鎮州王承宗、淄青李師道，二帥上表請赦元濟，憲宗不從。是時唐朝廷發諸道兵討元濟而不及淄青，師道遣兵二千至壽春（壽州）聲言助官軍討元濟，實欲爲元濟之援。又遣盜焚燒河陰轉運院，燒錢帛三十餘萬緡匹，穀三萬餘斛；派兵寇擾東都，以便牽制官軍。六月，承宗、師道遣盜伏於京城，殺宰相武元衡，

〔註123〕見《舊唐書》，卷一四五〈吳少陽傳〉，頁3947。
〔註124〕見《舊唐書》，卷一四一〈田弘正傳〉，頁3850。
〔註125〕見《資治通鑑》，卷二三九〈唐紀五十五〉，憲宗元和七年十一月條，頁7697。
〔註126〕見《資治通鑑》，卷二三九〈唐紀五十五〉，憲宗元和九年（814）九月條，頁7706；另見《舊唐書》，卷一四五〈吳元濟傳〉，頁3948。
〔註127〕見《資治通鑑》，卷二三九〈唐紀五十五〉，憲宗元和十年（815）正月條，頁7707；另見《舊唐書》，卷一五六〈韓弘傳〉，頁4134。

重傷御史中丞裴度。憲宗大怒，即命裴度為宰相，委以淮右用兵之事〔註128〕。承宗、師道與吳元濟互為引援，十一年（816），憲宗命河東、幽州、義武、橫海、魏博、昭義六道進討承宗，德宗初年戰爭局面再現，唯強弱之勢已不復當年〔註129〕。「六鎮討王承宗者，兵十餘萬，回環數千里，既無統帥，又相去遠，期約難壹，由是歷二年無功，千里饋運，牛驢死者什四五。……李逢吉及朝士多言『宜併力取淮西，俟淮西平，乘其勝勢，回取恆冀如拾芥耳！』上（憲宗）猶豫，久乃從之。」〔註130〕

　　憲宗既罷州行營，得以全力對付淮西，吳元濟之兵力不出申光蔡三州範圍，官軍與元濟雙方屯重兵於郾城縣（屬蔡州），憲宗且置淮、潁水運使，運揚子院米自淮陰泝淮入潁，至項城入溵，輸于郾城，以饋討淮西諸軍〔註131〕。至元和十二年（817）七月，雙方交戰多次，但仍無法克復淮蔡，憲宗亦感不奈，裴度自請前往督戰，憲宗同意。度以郾城為治所，奏免中使監軍，自是諸將始得專軍事，戰多有功。唐、隨、鄧節度使李愬聽元濟降將李祐計，十月，出奇兵襲蔡州，自吳少誠拒命，官軍不至蔡州城下三十餘年，故蔡人不為備，癸酉，擒元濟。淮西平〔註132〕。十一月廢蔡州。十三年（818）五月，以淮西節度使馬總為忠武軍節度使、陳、許、溵、蔡州觀察使。以申州隸鄂岳，光州隸淮南，不復以蔡州為節鎮。〔註133〕

　　淮西平，王承宗懼，請歸國，憲宗許之；幽州劉總聽大將譚忠之說，亦專意歸朝廷。淄青李師道勢孤，欲歸朝，尋反悔。十三年（818）七月，詔以

〔註128〕見《資治通鑑》，卷二三九〈唐紀五十五〉，憲宗元和十年（815）三月條～八月條，頁7711～7716；另見《舊唐書》，卷一四五〈吳元濟傳〉，頁3949。
〔註129〕見王夫之，《讀通鑑論》（台北：里仁書局，民國71年3月版），卷二十五〈憲宗二〉，頁887云：「至於元和，而天下之勢變矣。嚮所與安、史同逆矯屬自雄者，死亡盡矣，嗣其僭逆者，皆紈袴驕憨、弋色耽酒之豎子也。其禆將，則習於叛合、心離志怠、各圖富貴之庸夫也；其士卒，則坐糜粟帛、飲博遊宕之罷民也。而狃於兩代之縱弛，不量力而輕於言叛；乃至劉闢以白面書生、李錡以貴游公子，苟得尺寸之土，而妄尋干戈；此其望風而仆，應手而糜者，可坐策之而必於有功。……」
〔註130〕參見《資治通鑑》，卷二四〇〈唐紀五十六〉，憲宗元和十二年五月條，頁7734。
〔註131〕見《資治通鑑》，卷二三九〈唐紀五十五〉，憲宗元和十一年十二月條，頁7728。
〔註132〕見《資治通鑑》，卷二四〇〈唐紀五十六〉，憲宗元和十二年七～十月條，頁7737～7742。
〔註133〕同前註引書，同卷，元和十三年五月條，頁7751。

宣武、魏博、義成、武寧、橫海兵共討之。原宣武節度使韓弘，樂於自擅，欲倚淮西自重，及淮西平，弘懼，九月，自將兵擊李師道，圍曹州。十四年（819）春正月，弘拔考城（屬曹州），二月，李師道爲其將劉悟所擒，淄青十二州平。「自廣德以來，垂六十年，藩鎮跋扈河南、北三十餘州，自除官吏，不供貢賦，至是盡尊朝廷約束。」〔註134〕淄青平，憲宗分其地爲三道：以鄆、曹、濮爲一道，馬總爲節度使；淄、青、齊、登、萊爲一道，以薛平爲觀察使；兗、海、沂、密爲一道，以王遂爲觀察使。

　　李師道平，韓弘大懼，十四年（819）七月始請入朝，貢獻甚夥，憲宗待之亦厚。韓弘累表請留京師，八月，以弘守司徒兼中書令。以吏部尚書張弘靖同平章事，充宣武軍節度使，鎮兵喜其廉謹寬大，故上下安之。

　　元和中興，爲時甚短暫，只與憲宗本人相始終，元和十五年（820）正月，憲宗爲宦官陳弘志所弒，子恆立，是爲穆宗，採「銷兵」政策，遂致河朔復亂，各地藩鎮再叛，以至於亡。

〔註134〕參見《資治通鑑》，卷二四一〈唐紀五十七〉，憲宗元和十四年二月條，頁7765。

第五章　唐末的變亂與宣武軍節度使

第一節　河朔復亂對宣武軍節度使的影響

　　穆宗承元和中興之餘威，即位後，以爲天下太平，頗事於遊畋聲色〔註1〕，穆宗君臣對藩鎮之舉措失當，直接造成河北的再度叛亂，從此唐帝國便走向衰亡之路。

　　元和十五年（820）十月，成德王承宗卒，穆宗欲革河北藩鎮世襲之弊，並拔其根本，遂將黃河南北節度使互調，徙田弘正爲成德節度使，以王承元爲義成節度使，劉悟爲昭義節度使，李愬爲魏博節度使，另又以左金吾將軍田布爲河陽節度使〔註2〕。成德軍士欲留王承元，鄰道亦以故事勸承元，承元欲歸中央，遂赴滑州就任。〔註3〕

　　元和末，盧龍節度使劉總奏分所屬爲三道：以幽、涿、營爲一道，請除張弘靖爲節度使；平、薊、媯、檀爲一道，請除平盧節度使薛平爲節度使；瀛、莫爲一道，請除權知京兆尹盧士玫爲觀察使。「弘靖先在河東，以寬簡得衆，總與之鄰境，聞其風望，以燕人桀驚日久，故舉弘靖自代以安輯之。平，

〔註1〕見《資治通鑑》，卷二四一〈唐紀五十七〉，憲宗元和十五年八月條；同卷十月條，頁7783～7784載：「壬午，群臣入閣。諫議大夫鄭覃、崔郾等五人進言：『陛下宴樂過多，畋遊無度。今胡寇壓境，忽有急奏，不知乘輿所在。又晨夕與倡優狎暱，賜與過厚。……』（穆宗）曰：『當依卿言。』宰相皆賀，然實不能用也。」

〔註2〕同前註引書，同卷，憲宗元和十五年（820）十月條，頁7785。田弘正自魏博徙成德，劉悟自義成徙昭義，李愬初自武寧徙昭義，尋改魏博。

〔註3〕見《舊唐書》，卷一四二〈王承元傳〉，頁3883～3884。

嵩之子，知河朔風俗，而盡誠於國，故舉之。士玫，則總妻族之親也。總又
盡擇麾下伉健難制者都知兵馬使朱克融等送之京師，乞加獎拔，使燕人有慕
羨朝廷祿位之志。」〔註4〕時穆宗方酣宴，宰相崔植、杜元穎無遠略，除瀛、
莫二州外，皆歸張弘靖統轄，並敕朱克融等歸本軍聽候驅遣，克融等皆憤怨。
弘靖至盧龍，舉措大異河北諸帥，河北軍士不能平，長慶元年（821）七月，
軍亂，囚張弘靖，擁朱克融為留後。〔註5〕

　　幾與幽州倡亂之同時，成德亦生兵變。初，「田弘正受詔鎮成德，自以久
與鎮人戰，有父兄之仇，乃以魏兵二千從赴鎮，因留以自衛，奏請度支供其
糧賜。戶部侍郎叛度支崔倰，性剛褊，無遠慮，以為魏、鎮各自有兵，恐開
事例，不肯給。弘正四上表，不報；不得已，遣魏兵歸。」〔註6〕不數日而鎮
軍果亂，王廷湊殺田弘正及僚佐元從將吏及家屬三百餘人，廷湊自稱留後。
穆宗尋以田弘正子涇原節度使田布為魏博節度使，並議討伐幽、鎮。同月，
丙子，瀛州軍亂，執觀察使盧士玫及監軍僚佐送幽州，囚於客館。

　　八月丁丑，穆宗詔魏博、橫海、昭義、河東、義武諸軍各出兵討成德，
並以裴度為鎮州四方行營都招討使〔註7〕。諸軍攻成德，數有克捷，但無法拔
其根本，蓋「自憲宗征伐四方，國用已虛，上（穆宗）即位，賞賜左右及諸
軍無節，及幽鎮擁兵久無功，府藏空竭，勢不能支。執政乃議：『王庭（廷）
湊殺田弘正而朱克融全張弘靖，罪有重輕，靖赦克融，專討庭（廷）湊。』

〔註4〕見《資治通鑑》，卷二四一〈唐紀五十七〉，穆宗長慶元年六月條，頁7792。
〔註5〕《資治通鑑》，卷二四一〈唐紀五十七〉，穆宗長慶元年（821）六月條，頁7793
　　　載：「先是，河北節度使皆親冒寒暑，與士率均勞逸。及弘靖至，雍容驕貴，
　　　肩輿於萬眾之中，燕人訝之。弘靖莊默自尊，涉旬乃一出坐決事，賓客將吏
　　　罕得聞其言，情意不接，政事多委幕僚。而所辟判官韋雍輩多年少輕薄之士，
　　　嗜酒豪縱，出入傳呼甚盛，或夜歸燭火滿街，皆燕人所不習也。詔以錢百萬
　　　緡賜將士，弘靖留其二十萬緡充軍府雜用，雍輩復裁刻軍士糧賜，繩之以法，
　　　數以反虜詬責吏卒，謂軍士曰：『今天下太平，汝曹能挽兩石弓，不若識一丁
　　　字！』由是軍中人人怨怒。」
〔註6〕見《資治通鑑》，卷二四二〈唐紀五十八〉，穆宗長慶元年（821）秋七月條，
　　　頁7796。魏博、成德原為河北系統，除憲宗之世，田弘正兩度出兵攻鎮冀
　　　外，《通鑑》載：「弘正厚於骨肉，兄弟子姪在兩都者數十人，競為侈靡，日
　　　費約二十萬，弘正輦魏、鎮之貨以供之，相屬於道，河北將士頗不平。詔以
　　　錢百萬緡賜成德軍，度支輦運不時至，軍士益不悅。」（《舊唐書》本傳所載
　　　略同）
〔註7〕見《資治通鑑》，卷二四二〈唐紀五十八〉，穆宗長慶元年八月條，頁7798～
　　　7800。

上從之。」〔註8〕乃以朱克融爲盧龍節度使。

魏博與幽州、鎮州本相表裏，及幽鎮叛亂，魏博軍心動搖，及田布受詔討王廷湊，軍于南宮，穆宗屢遣中督戰，而將士驕惰無鬥志，時屬大雪，度支饋運不繼，布發所屬六州（魏、博、貝、衛、澶、相）租賦以供軍，將士不悅，其牙將史憲誠復從而離間之，布自度不能成功，遂自殺。朝命史憲誠爲魏博節度使，憲誠雖外奉朝命，而內實與幽、鎮連結〔註9〕。時唐廷討成德官軍李光顏亦以糧運不繼，閉壁自守，穆宗不得已，於長慶二年（822）二月，以王廷湊爲成德節度使。由是河朔再陷，迄於唐亡，不能收復。〔註10〕

河朔復亂對唐政府的損失，不僅是龐大的軍費支出，更嚴重的是元和中興所辛苦建立的威望掃地淨盡，全國各地藩鎮兵變，此伏彼起，了無寧日。其中對唐帝國影響最大的，則爲江淮財賦區的變亂。其首先倡亂者，爲徐州。

長慶二年（822）三月，武寧節度副使王智興逐節度使崔群，並劫掠設在埇橋的鹽鐵院錢帛，以及諸道進奉船在汴河中者，又區逐濠州刺史侯弘度，

〔註8〕同前註引書，同卷，穆宗長慶元年十二月條，頁7804，同書穆宗二年正月條，頁7805～7806載：「中書舍人白居易上言：『自幽、鎮逆命，朝廷發諸道兵，計十七八萬，四面圍攻，已踰半年，王師無功，賊勢猶盛。……蓋由節將太眾，其心不齊，莫肯率先，遞相顧望。……又，朝廷本用田布，令報父讎，今領全師出界，供給度支，數月已來，都不進討，非田布固欲如此，抑有其由。聞魏一軍，屢經優賞，兵驕將富，莫肯爲用。況其軍一月之費，計實錢二十八萬緡，若更遷延，將何供給？此尤宜早令退軍者也。……苟兵數不抽，軍費不減，食既不足，眾何以安！……』疏奏不省。……時諸軍匱乏，供軍院所運衣糧，往往不得至院（供軍院），在塗爲諸軍邀奪，其懸軍深入者，皆凍餒無所得。」

〔註9〕見《資治通鑑》，卷二四二〈唐紀五十八〉，穆宗長慶二年正月條，頁7806～7807。

〔註10〕同前註引書，同卷，同年二月條，頁7808～7809述河朔復叛之速之由：「上（穆宗）之初即位也，兩河略定，蕭俛、段文昌以爲『天下已太平，漸宜消兵，請密詔天下，軍鎮有兵處，每歲百人之中限八人逃、死。』上方荒宴，不以國家爲急，遂可其奏。軍士落籍者眾，皆聚山澤爲盜；及朱克融、王庭湊作亂，一呼而亡卒皆集。詔徵諸道兵討之，諸道兵既少，皆臨時召募，烏合之眾；又，諸節度既有監軍，其領偏軍者亦置中使監陳，主將不得專號令，戰小勝則飛驛奏捷，自以爲功，不勝則迫脅主將，以罪歸之；悉擇軍中驍勇以自衛，遣羸懦者就戰，故每戰多敗。又凡用兵，舉動皆自禁中授以方略，朝令夕改，不知所從；不度可否，惟督令速戰。……故雖以諸道十五萬之眾，裴度元臣宿望，烏重胤、李光顏皆當時名將，討幽、鎮萬餘之眾，屯守踰年，竟無成功，財竭力盡。」

朝廷以方罷兵，力不能討，遂授智興爲徐州刺史、御史大夫、充武寧軍節度、徐泗濠觀察使〔註11〕。徐州兵變，朝廷既不能制，與徐州同爲運河要鎮的汴州，軍亂隨之而起。

　　汴州居水陸之會，號爲難理，自韓弘節度宣武二十餘年，不聞有兵變，雖韓弘賦稅不入中央，亦未見邀截漕糧，朝廷對之寵錫有加。元和中興，諸鎮歸命，韓弘亦於元和十四年八月入朝〔註12〕。憲宗以張弘靖代其任，弘靖爲政寬緩，屢賞以悅軍士〔註13〕，穆宗長慶元年三月，弘靖代劉總爲幽州、盧龍節度使，李愿繼爲宣武節度使〔註14〕。「初，張弘靖爲宣武節度使，屢賞以悅軍士，府庫虛竭。李愿繼之，性奢侈，賞勞既薄於弘靖時，又峻威刑，軍士不悅。」〔註15〕七月，汴州軍亂，李愿奔至鄭州，軍士擁李齐爲留後，朝議欲如河北故事，授李齐節，李逢吉反對，以爲「今若并汴州棄之，則是江、淮以南皆非國家有也。」穆宗遂從逢吉之請，以韓充鎮宣武，代李齐。李齐拒命，穆宗以武寧、忠武、義成三節度使合討李齐。八月，李齐勢窮，爲部將李質所殺，亂平。韓充入汴，專爲宣武節度使，另以曹華爲義成節度使代韓充。韓充既視事，人心粗定，密察部伍中，嘗構惡者千餘人，一日令下，并父母妻子逐出之，軍政大治，汴人無不愛戴〔註16〕。充卒於長慶四年（824）八月。九月，敬宗以河南尹令狐楚爲汴州刺史，宣武軍節度、宋汴亳觀察使。楚家世儒素，才思俊麗，然亦長於撫理，元和十三年（818）出鎮河陽，已有能名。「汴軍素驕，累逐主帥，前後韓弘兄弟，率以峻法繩之，人皆偷生，未能革志。……及（楚）涖汴州，解其酷法，以仁惠爲治，去其太甚，軍民咸悅，翕然從化，後竟爲善地。」〔註17〕以文人擔任節帥是元和以後唐

〔註11〕見《舊唐書》，卷一〇六〈王智興傳〉，頁4138～4140；另見《資治通鑑》，卷二四二〈唐紀五十八〉，穆宗長慶二年三月條，頁7812～7815。

〔註12〕見《舊唐書》，卷一五六〈韓弘傳〉，頁4134～4136。

〔註13〕見《舊唐書》，卷一二九〈張弘靖傳〉，頁3610～3612。

〔註14〕見《舊唐書》，卷一三三〈李愿傳〉，頁3676～3677。李愿爲李晟之子，元和元年八月，檢校禮部尚書兼夏州刺史、夏綏銀宥等州節度使，威令簡肅，甚得綏懷之術。元和六年，爲武寧軍節度使，十四年爲鳳翔節度使。自是頗怠於爲理，無復素志，聲色之外，全不介懷。至宣武亦然，故有李臣則等之亂。

〔註15〕見《資治通鑑》，卷二四二〈唐紀五十八〉，穆宗長慶二年六月條，頁7818～7819。

〔註16〕同前註引書，同卷，二年七月、八月條，頁7819～7821；另見《舊唐書》，卷一〇六〈韓充傳〉，頁4137～4138。

〔註17〕見《舊唐書》，卷一七二〈令狐楚傳〉，頁4459～4461。

朝廷力行的政策，但各地背景環境不同，並不能一概推行，東南爲財賦要區，政府自然要掌握控制權，淮南多由朝中重臣出鎮，徐州爲王智興所據，事不得已。汴州自安史亂後，節度使多爲武人擔任，且亂事頻仍，敬宗以令狐楚爲宣武節度使始，至黃巢之亂數十年間，均由文人出任，軍亂之事少見，通濟渠之糧運亦得以按時上供。

第二節　劉稹之亂與宣武軍節度使

文宗雖爲宦官王守澄等所立，即位之後，勵精求治，去奢從儉，欲矯穆、敬兩朝之弊，天下以爲太平可期，然內制於宦官，外困於朋黨，致文宗有：「去河北賊非難，去此朋黨實難」〔註 18〕之歎。中央政府內爭愈激烈，藩鎮對之益加輕視。

昭義節度領潞、澤、邢、洺、磁五州，其地跨太行山南段兩側，居高屋建瓴之勢，東出可控魏博、成德二鎮，南下直抵東都之背，北倚河東，互爲表裏，故唐政府對此特別重視，而昭義自設鎮以來，節度使一直是忠於唐室的。穆宗長慶元年（821），幽州亂，朝廷以劉悟爲澤潞節度使，河朔事以姑息告終，劉悟心輕朝廷，欲效河朔三鎮，招聚不逞，章表多不遜〔註 19〕。寶曆元年（825）八月，劉悟卒，遺表以其子從諫爲留後，僕射李絳以澤潞內地，與三鎮事理不同，不可許。宰相李逢吉、中尉王守澄計議已定，十二月，以從諫爲昭義留後〔註 20〕。劉悟煩苛，從諫濟以寬厚，眾頗附之。寶曆二年（826）

〔註 18〕見《舊唐書》，卷一七六〈李宗閔傳〉，頁 4554。

〔註 19〕見《舊唐書》，卷一六一〈劉悟傳〉，頁 4231；另見《資治通鑑》，卷二四二〈唐紀五十八〉，穆宗長慶二年三月條，頁 7814。

〔註 20〕《資治通鑑》，卷二四三〈唐紀五十九〉，敬宗寶曆元年十一月條，頁 7845～7846 載：「朝廷得劉悟遺表，議者多言上黨內鎮，與河朔異，不可許。左僕射李絳上疏，以爲：『兵機尚速，威斷貴定，人情未一，乃可伐謀。劉悟死已數月，朝廷尚未處分，中外人意，共惜事機。今昭義兵眾，必不盡與從諫同謀，縱使其半叶同，尚有其半效順。從諫嘗久典兵馬，威惠未加於人。又此道素貧，非時必無優賞。今朝廷但速除澤潞一將充昭義節度使，令兼程赴鎮，從諫未及布置，新使已至潞州，所謂「先人奪人之心」也。新使既至，軍心自有所繫；從諫無位，何名主張，設使謀撓朝命，其將士必不肯從。今朝廷無處分，彼軍不曉朝廷之意，欲效順則恐忽授從諫，欲同惡則恐別更除人，猶豫之間，若有姦人爲之畫策，虛張賞設錢數，軍士覬望，尤難指揮。伏望速賜裁斷，仍先下明敕，宣示軍眾，獎其從來忠節，賜新使縑五十萬匹，使之賞設；續除劉從諫一刺史。從諫既有所得，必且擇利而行，萬無違拒。設不

四月，以劉從諫爲昭義節度使。文宗大和六年（832）十二月，劉從諫入朝，七月正月，加劉從諫同平章事，遣歸鎮。「初，從諫以忠義自任，入朝，欲請他鎮；既至，見朝廷事柄不一，又士大夫多請託，心輕朝廷，故歸而益驕。」〔註21〕大和九年（835）十一月，甘露之變，仇士良殺李訓、鄭注、王涯、賈餗、舒元輿、李孝本、王播、羅立言、郭行餘等家〔註22〕，涯之死，人以爲冤，昭義節度使劉從諫三上章求示涯等三相罪名，且以清君側相要脅。時仇「士良等恣橫，朝臣日憂破家。及從諫表至，士良等憚之。由是宰相鄭覃、李石粗能秉政，天子倚之亦差以自強。」〔註23〕

　　劉從諫累上表言仇士良罪惡，士良亦言從諫窺伺朝廷，武宗即位，從諫獻馬，武宗不受，從諫以爲士良所爲，遂與朝廷猜忌，招納亡命，繕完兵械，鄰境皆爲之備。會昌三年（843）四月，劉從諫卒，其子劉稹以疾告，並請爲留後。武宗謀於宰相，多以授之旌節爲便，唯李德裕主戰最力，他分析當時局勢言：「澤潞事體與河朔三鎮不同。河朔習亂已久，人心難化，是故累朝以來，置之度外。澤潞近處心腹，一軍素稱忠義，嘗破走朱滔，擒盧從史。頃時多用儒臣爲帥，如李抱眞成立此軍，德宗猶不許承襲，使李緘護喪歸東都。……從諫跋扈難制，累上表迫脅朝廷，今垂死之際，復以兵權擅付豎子。朝廷若又因而授之，則四方諸鎮誰不思效其所爲，天子威令不復行矣。」德裕之戰略則爲：「稹所恃者河朔三鎮。但得鎮、魏不與之同，則稹無能爲也。若遣重臣往諭王元逵（鎮帥）、何弘敬（魏帥）、以河朔自艱難以來，列聖許其傳襲，已成故事，與澤潞不同。今朝廷將加兵澤潞，不欲更出禁軍至山東。其山東三州隸昭義者，委兩鎮攻之，（山東三州爲邢、洺、磁）兼令徧諭將士，以賊平之日厚加官賞。苟兩鎮聽命，不從旁沮橈官軍，則稹必成擒矣。」〔註24〕

從命，臣亦以爲不假攻討。何則？臣聞從諫已禁山東三州軍士不許自畜兵力，足明群心殊未得一，帳下之事亦在不疑。熟計利害，決無即授從諫之理。』」
〔註21〕見《資治通鑑》，卷二四四〈唐紀六十〉，文宗太和七年正月條，頁7882。
〔註22〕見《舊唐書》，卷一六九〈李訓、鄭注、王涯、王璠、夏餗、舒元輿、郭行餘、羅立言、李孝本傳〉，頁4395～4411。
〔註23〕見《資治通鑑》，卷二四五〈唐紀六十一〉，文宗開成元年（836）二、三月條，頁7923～7924。外廷朝臣倚藩鎮爲奧援以與內臣相頡抗，殆始於此乎？
〔註24〕見《資治通鑑》，卷二四七〈唐紀六十三〉，武宗會昌三年四月條，頁7980～7981。同書，頁7982～7983亦載黃州刺史杜牧上李德裕書，云：「……夫上黨則不然。自安、史南下，不甚附隸；建中之後，每奮忠義；是以郇公抱眞

　　四月，武宗以忠武節度使王茂元爲河陽節度使，邠寧節度使王宰爲忠武節度使，備劉稹也。五月，河陽節度使王茂元以步騎三千守萬善（懷州河内縣萬善鎮）；河東節度使劉沔步騎二千守芒車關（潞州武鄉縣），步兵一千五百軍榆社（儀州榆社縣）；成德節度使王元逵以步騎三千守臨洺，掠堯山；河中節度使陳夷行以步騎一千守翼城（絳州翼城縣）；步兵五百益（掠）冀氏（晉州冀氏縣），以大包圍形勢臨澤潞，另以王元逵爲澤潞北面招討使，何弘敬爲南面招討使，與陳夷行、王茂元、劉沔合力進討。武宗又詔武寧節度使李彦佐爲晉絳行營諸軍節度招討使。觀其出兵諸鎮無宣武之師，蓋作戰最需糧食，宣武東南之武寧、西南之忠武均已出兵，唯倚宣武以保通濟渠糧運之通行無阻故也。

　　時諸帥出兵，李彦佐無討賊意，河北諸鎮意存觀望，李德裕以石雄代李彦佐，命王宰率全軍徑魏博趣磁州，以逼何弘敬出兵。九月，河陽節度使王茂元卒，德裕以王宰兼統河陽行營，忠武軍素號精勇，王宰治軍嚴整，昭義人甚憚之。王宰先破天井關，再克石會關，劉稹勢窮。然三年（843）十二月，河東都將楊弁乘城中空虛作亂，且與劉稹合勢，使討澤潞北面軍腹背受敵。會昌四年（844）正月，以易定千騎，宣武、兗海步兵三千討楊弁，時環澤潞諸鎮均已出兵討劉稹，討楊弁之亂則不得不調用兗海、宣武之軍。二月，生擒楊弁，亂平。八月，成德、魏博降邢、洺、磁三州，德裕爲防鎮、魏強占三州，請以盧弘止爲三州留後。同月，劉稹爲崔玄度所殺，亂亦平〔註25〕。九月，詔以澤州隸河陽節度，蓋在討劉稹時，德裕曾建議：「俟昭義平日，仍割澤州隸河陽節度，則太行之險不在昭義，而河陽遂爲重鎮，東

能窘田悦，走朱滔，常以孤窮寒苦之軍，橫折河朔強梁之眾。以此證驗，人心忠赤，習尚專一，可以盡見。劉悟卒，從諫求繼，與扶同者，只鄆州隨來中軍二千耳。值寶曆多故，因以授之。今纔二十歲，風俗未改，故老尚存，雖欲劫之，必不用命。今成德、魏博雖盡節效順，亦不過圍一城，攻一堡，係纍櫪老而已。若使河陽萬人爲壘，窒天井之口，高壁深塹，勿與之戰。只以忠武、武寧兩軍，帖以青州五千精甲，宣、潤二千弩手，徑擣上黨，不過數月，必覆其巢穴矣。」時德裕制置澤潞，亦頗採牧言。

〔註25〕見《資治通鑑》，卷二四七〈唐紀六十三〉，武宗會昌三年五月條，頁7983；卷二四八〈唐紀六十四〉，武宗會昌四年八月條，頁8008。另見《舊唐書》，卷一七四〈李德裕傳〉，頁4525～4527；同書，卷一四二〈王元逵傳〉，頁3888～3889；同書，卷一八一〈何弘敬傳〉，頁4688；同書，卷一六一〈劉沔、石雄傳〉，頁4234～4236；《新唐書》，卷一七〇〈王茂先傳〉，頁5172～5173；《新唐書》，卷一七二〈王宰傳〉，頁5203～5204。

都無復憂矣。」〔註 26〕武宗從其議也，潞州則以盧鈞往鎮，王宰爲河東節度
使，石雄爲河陽節度使。自劉稹平，朝廷威勢一振，河北三鎮不敢有異志，
全國藩鎮亦皆聽命中央。繼位者宣宗，「性明察沈斷，用法無私，從諫如流，
重惜官賞，恭謹節儉，惠愛民物，故大中之政，訖於唐亡，人思詠之，謂之
小太宗。」〔註 27〕故宣宗之世，亦無藩鎮公然反抗中央，唐長安朝廷則仍內
爭不已，表面的平靜，掩蓋不住底層的暗潮，一場大變亂即將爆發。

第三節　龐勛之亂與宣武軍節度使

一、東南地區人民的負擔

　　唐政府自安史亂後，倚江淮財賦爲國命，愈至後期，倚賴程度愈重，江
淮人民所受的剝削亦日甚一日。唐初原行租庸調法，「自開元以後，天下戶籍
久不更造，丁口轉死，田畝賣易，貧富升降不實。其後國家侈費無節，而大
盜起，兵興，財用益屈，而租庸調法弊壞。」至德宗時，宰相楊炎創兩稅法，
量出以制入，戶無主、客，以居者爲簿；人無丁、中，以貧富爲差，唐政府
面臨的財政困窘，獲得紓解。

　　德宗時藩鎮大叛亂，時「諸道討賊，兵在外者，度支給出界糧。每軍以
台省官一人爲糧料使，主供億。士卒出境，則給酒肉。一卒出境，兼三人之
費，將士利之，逾境而屯。」〔註 28〕因軍用迫蹙，政府挪用常平積蓄之外，
又稅間架、除陌、竹、木、茶、漆、鐵等。朱泚平，天下戶口三耗其二，又
加上癘疫水旱，「戶口減耗，刺史析戶，張虛數以寬責。逃死闕稅，取於居者，
一室空而四鄰亦盡。戶版不緝，無浮游之禁，州縣行小惠以傾誘鄰境，新收
者優假之，唯安居不遷之民，賦役日重。」〔註 29〕其中受害最深之區，當爲
東南地區。《新唐書・食貨志》載：「朱泚既平，於是帝（德宗）屬意聚斂，
常賦之外，進奉不息。劍南西川節度使韋皋有『日進』，江南觀察使李兼有『月
進』，淮南節度使杜亞、宣歙觀察使劉贊、鎮海節度使王緯、李錡皆徼射恩澤，
以常賦入貢，名爲『羨餘』。至代易又有『進奉』。……常州刺史裴肅鬻薪炭
案紙爲進奉，得遷浙東觀察使。刺史進奉，自肅始也。劉贊卒于宣州，其判

〔註 26〕見《資治通鑑》，卷二四七〈唐紀六十三〉，武宗會昌三年九月條，頁 7991。
〔註 27〕見《新唐書》，卷五十二〈食貨二〉，頁 1351。
〔註 28〕同前註引書，同卷，頁 1353。
〔註 29〕同註 28。

官嚴綬傾軍府爲進奉，召爲刑部員外郎。判官進奉，自綬始也。自裴延齡用事，益爲天子積私財，而生民重困。」〔註30〕憲宗之中興係以無數財賦換得來的。憲宗討淮西時，「判度支楊於陵坐饋餉不繼貶，以司農卿皇甫鎛代之，由是益爲刻剝。司農卿王遂、京兆尹李翛號能聚斂，乃以爲宣歙、浙西觀察使，予以富饒之地，以辦財富。」〔註31〕以聚斂能手籌辦財富，江淮地區人民所受的壓榨可想而知。

除前述各種雜稅外，尚有鹽稅、酒稅等，其中以鹽稅最爲重要，大曆年間劉晏改革鹽政，至大曆末，鹽利六百餘萬緡。「天下之賦，鹽利居其牛，宮闈服御、軍饟、官百祿俸皆仰給焉。」〔註32〕東南沿海爲主要產鹽區，吳、越、揚、楚，鹽廩至數千，劉晏並於當地設有漣水、湖州、越州、杭州四場，嘉興、海陵、鹽城、新亭、臨平、蘭亭、永嘉、大昌、候官、富都十監以統制東南鹽政，並置十三巡院以捕私鹽〔註33〕。政府因戰爭需龐大經費，用盡各種刮財方式，視鹽稅爲一大利藪，對之管制愈嚴，則私販愈多，「王仙芝就是以販私鹽蓄積力量，終于發展成大規模農民起義，使唐王朝走向崩潰的。」〔註34〕

唐原抽調關東地區兵赴西北備禦吐蕃，謂之防秋兵；至南詔勢盛，唐政府又發黃河以南諸鎮兵赴廣西防禦南蠻謂之防冬兵〔註35〕。宣宗中，安南都護李涿舉措失當，致群蠻怨怒，導南詔侵邊〔註36〕，至咸通時南詔更連年入寇，爲晚唐最大外患，龐勛之亂即是因此而起，其結果則如盧攜所云：「……咸通以來，蠻始叛命，再入安南、邕管，一破黔州，四盜西川，遂圍盧耽。召兵東方，戍海門，天下騷動，十有五年，賦輸不內京師者過半，中藏空虛，士死瘴癘，燎骨傳灰，人不念家，亡命爲盜，可爲痛心。……」〔註37〕此種

〔註30〕同註 28，頁 1358。
〔註31〕同註 28，頁 1359。
〔註32〕見《新唐書》，卷五十四〈食貨四〉，頁 1378。
〔註33〕同註 32。十三巡院爲：揚州、陳許、汴州、盧壽、白沙、淮西、甬橋、浙西、宋州、泗州、嶺南、兗鄆、鄭滑。
〔註34〕見鮑曉娜，〈從唐代鹽法的沿革論禁榷制度的發展規律〉，收入《中國鹽業史論叢》（北京：中國社會科學出版社，1987 年 12 月第一版），頁 101。
〔註35〕見《資治通鑑》，卷二四九〈唐紀六十五〉，宣宗大中十二年（858）六月條，頁 8070。胡三省註云：「南方炎瘴，至冬，瘴輕。蠻趁此時爲寇，故置防冬兵。」
〔註36〕見《新唐書》，卷二二二中〈南蠻中〉，頁 6282。
〔註37〕同前註引書，同卷，頁 6292。

情況，加上天災，經野心分子登高一呼，變亂遂不可避免。

二、龐勛之亂

在宣宗大中十三年（859）十二月，浙東發生了裘甫之亂，陷明州、台州，咸通元年（860）正月，進攻越州，時兩浙久安，人不習戰，甲兵朽鈍，現卒不滿三百，觀察使鄭祇德募兵與戰，大敗，「於是山海諸道及他道無賴亡命之徒，四面雲集，眾至三萬，分爲三十二隊。……甫自稱天下都知兵馬使，改元曰羅平，鑄印曰天平。大聚資糧，購良工，治器械，聲震中原。」因兩浙爲重要財賦區，歷來未曾有過大規模亂事，鄭祇德又數敗，朝議改以王式討之，並詔發忠武、義成、淮南等道兵授王式。六月，擒裘甫，亂平。此役戰區爲台、明、越三州，歷時八個月，對一向平靜的兩浙地區造成重大的破壞。〔註38〕

唐晚期常派黃河以南各鎮兵赴廣西防冬，咸通三年（862）二月，南詔復寇安南，經略使王寬告急，朝廷以前湖南觀察使蔡襲代之，並發許、滑、徐、汴、荊、襄、澤、鄂等道兵合三萬人，授襲以禦之，南詔見兵盛，遂引去〔註39〕。但自是南詔入寇非常頻繁，朝廷先後以康承訓、高駢禦之，皆無決定性勝利〔註40〕。東南地區人民深受其害，人心思亂。〔註41〕

咸通初年，南詔陷安南，唐敕徐泗兵二千赴援，分八百人別戍桂州，戍期三年。咸通九年（868），桂州戍卒的戍期已滿六年，屢求北歸，中央不許。戍卒怒而生變，七月，推糧料判官龐勛爲首，劫桂州庫兵北還，所過剽掠，州縣不能禦。龐勛北至湖南，泛舟沿江東下，過浙西入淮南，淮南節度使令狐綯素懦怯，不敢攖其鋒，且遣使慰勞，給餉米。九月丁巳至泗州，因刺史

〔註38〕見《資治通鑑》，卷二四九〈唐紀六十五〉，宣宗大中十三年十二月條，頁8077；卷二五〇〈唐紀六十六〉，懿宗咸通元年七月條，頁8089。

〔註39〕見《資治通鑑》，卷二五〇〈唐紀六十六〉，懿宗咸通三年二月條，頁8097。

〔註40〕見《舊唐書》，卷一八二〈高駢傳〉，頁4703；《新唐書》，卷一四八〈康承訓傳〉，頁4774；《資治通鑑》，卷二五〇〈唐紀六十六〉，懿宗咸通四年三月條，頁8104；咸通八年二月條，頁8118。

〔註41〕《資治通鑑》，卷二五〇〈唐紀六十六〉，懿宗咸通四年（863）七月條，頁8105～8106 載：「時諸道兵援安南者屯聚嶺南，江西、湖南（此四字衍）、江西、湖南饋運者皆泝湘江入澪渠、灕水，勞費艱澀，諸軍乏食。潤州人陳磻石上言，請造千斛大舟，自福建運米泛海，不一月至廣州，從之，軍食以足。然有司以和雇爲名，奪商人舟，委其貨於岸側，舟入海或遇濤沒溺，有司因繫綱吏、舟人，使償其米，人頗苦之。」

杜慆有備而不敢爲亂。次日（戊午）至徐城縣（在泗州北百餘里）與其部眾定計直取徐州以效王智興割據故事〔註42〕。十月丁卯，龐勛等至苻離（北至徐州一百二十里），徐州闔城凶懼，徐泗觀察使崔彥曾命都虞候元密將兵三千人討勛，並命宿州出兵苻離，泗州出兵於虹縣以邀龐勛軍。元密等爲叛軍所敗，勛入宿州，掠城中大船三百艘，備載資糧，順流而下，欲入江湖爲盜。明日，官軍追擊叛軍，又爲所敗，勛知徐州無備，乃引軍北攻徐州。乙亥，勛引兵北渡灘水，丁丑，陷徐州城，擄崔彥曾。〔註43〕

　　龐勛據徐州，遣將分戍各要害：劉行及將千五百人屯濠州，李圓將二千人屯泗州，梁丕將千人屯宿州，並上表求節鉞，徐人自謂旌節之至不過旬月，願效力者遠近輻湊，乃至光、蔡、淮、浙、兗、鄆、沂、密群盜，皆倍道歸之，闐溢郛郭，旬日間，米斗直錢二百。鄰道聞勛據徐州，各遣兵據要害，但官軍尚少，賊眾日滋，官軍數不利〔註44〕。龐勛表至，懿宗不許節鉞，且詔以右金吾大將軍康承訓爲義成節度使、徐州行營都招討使，神武大將軍王晏權爲徐州北面行營招討使，羽林將軍戴可師爲徐州南面行營招討使，大發諸道兵以隸三帥。康承訓奏乞沙陀三部落使朱邪赤心及吐谷渾、達靼、契苾酋長各帥其眾以自隨，詔亦許之。出兵總七萬三千一十五人，明年正月一日攻徐州。〔註45〕

〔註42〕見《資治通鑑》，卷二五一〈唐紀六十七〉，懿宗咸通九年六月～九月條，頁8120～8123。九月戊午，龐勛等行及徐城，勛乃與許佶等言於眾曰：「吾輩擅歸，思見妻子耳。今聞已有密敕下本軍，至則支分減卒矣！丈夫與其自投網羅，爲天下笑，曷若相與戮力同心，赴蹈湯火，豈徒脫禍，兼富貴可求！況城中將士皆吾輩父兄子弟，吾輩一唱於外，彼必響應於內矣。然後遵王侍中故事，五十萬賞錢，可翹足待也。」眾皆呼躍稱善。

〔註43〕見《資治通鑑》，卷二五一〈唐紀六十七〉，懿宗咸通九年十月條，頁8124～8127。胡三省注云：「宿州，古汴河之會，漕運及商旅所經，故城中有大船沿汴而下，入淮，則可以入江湖矣。」徐州城陷之速，原因當是叛軍原是徐卒，至是城內外裏應外合故也。同本註引書，同卷，頁8127，十月丁丑條載：「丁丑，賊至城下，眾六七千人，鼓譟動地，民居在城外者，賊皆慰撫，無所侵擾，由是人爭歸之，不移時，克羅城。彥曾退保子城，民助賊攻之，推草車塞門而焚之，城陷，賊囚彥曾於大彭館，執尹戡、杜璋、徐行儉，剮而剉之，盡滅其族。勛坐聽事，盛陳兵衛，文武將吏伏謁，莫敢仰視。即日，城中願附從者萬餘人。」

〔註44〕同前註引書，同卷，頁8128～8130載龐勛軍力增加之速，云：「龐勛募人爲兵，人利於剽掠，爭赴之，至父遣其子，妻勉其夫，皆斷鉏首而銳之，執以應募。」然皆烏合。

〔註45〕同註44。另據《舊唐書》，卷一九上〈懿宗本紀上〉，頁665，出兵凡十八將：

龐勛遣將分鎮要地時，以泗州當江淮之衝，派李圓往鎮，唐政府亦以泗州爲運河咽喉，極力死守，李圓欲入據泗州，爲泗州刺史杜慆所敗，龐勛以吳迴代之，復進攻泗州，晝夜不息。辛讜（與杜慆有舊）說杜慆向敕使郭厚本求救兵，稍抑亂軍之勢。龐勛見攻勢受阻，復遣其將劉佶將精兵數千助吳迴攻泗州，劉行及自濠州遣其將王弘立引兵會之。鎮海節度使杜審權遣都頭翟行約將四千人救泗州，爲吳迴等所敗，陷都梁城，自是叛軍據淮口，漕驛路絕。〔註46〕

泗州爲叛軍所圍，食盡援絕，辛讜突圍往潤州向杜審權求救兵，審權乃遣趙翼將甲士二千人，與淮南（令狐綯）共輸米五千斛、鹽五百斛以救泗州。時戴可師將兵三萬渡淮，叛軍盡棄淮南之守，可師進圍都梁城，一時間，政府軍頗佔優勢，唯可師輕敵，爲勛將王弘立軍所擒殺。此時「龐勛自謂無敵於天下，作露布，散示諸塞及鄉村，於是淮南士民震恐，往往避地江左。」「時汴路既絕，江、淮往來皆出壽州，賊既破戴可師，乘勝圍壽州，掠諸道貢獻及商人貨，其路復絕。」〔註47〕運糧道爲叛軍所控制，對派大軍討賊的唐政府自是一大打擊，然龐勛之叛亂集團，在大義名份上無法號召人心，又無遠大目標，多聚烏合之眾，以剽掠爲主，其集也易，其散也快〔註48〕。咸通十年（869）正月，「康承訓將諸道軍七萬餘人屯柳子之西（宿州臨渙縣柳

「以神武大將軍王宴權檢校工部尚書、徐州刺史、御史大夫，充武寧軍節度、徐泗濠觀察，兼徐州北路行營招討等使，……；以將軍朱克誠充北路招討都虞候；王宥北路招討前軍使。……以門下侍郎兼刑部尚書、同平章事徐商檢校兵部尚書、江陵尹、荊南節度使；以……康承訓……充徐泗行營都招討使；又以將軍李邵爲徐州南路行營招討都虞候；以將軍史忠用爲潁州行營都知兵馬使；將軍馬澹爲徐州行營都知兵馬使；將軍董濤充廬州行營都知兵馬使；將軍戴可師充曹州行營招討使；將軍曹翔充兗海節度行營招討使；將軍馬舉爲揚州都督府司馬，充淮南行營招討使；將軍高羅銳爲楚州刺史、本州行營招討使；將軍李播爲宿州刺史，赴廬州行營招討使；以將軍孟彪爲太僕卿，充都糧料使。凡十八將，分董諸道之兵七萬三千一十五人，正月一日進攻徐州。」

〔註46〕見《資治通鑑》，卷二五一〈唐紀六十七〉，懿宗咸通九年十一月條，頁8131～8134。

〔註47〕同前註引書，同年十二月條，頁8136～8137。

〔註48〕同前註引書，頁8137載：「諸道兵大集於宋州，徐州始懼，應募者益少，而諸塞求益兵者相繼。勛乃使其黨散入鄉村，驅人爲兵。又見兵已及數萬人，資糧匱竭，乃斂富室及商旅財，什取其七八，坐匿財夷宗者數百家。又與勛同舉兵於桂州者尤驕暴，奪人資財，掠人婦女，勛不能制，由是境內之民皆厭苦之，不聊生矣！」

子鎮），自新興至鹿塘三十里，壁壘相屬。徐兵分戍四境，城中不及數千人，龐勛始懼。民多穴地匿其中，勛遣人搜掘爲兵，日不過得三二十人。」〔註49〕康承訓遣朱邪赤心將兵與叛軍戰，勝之，進圍柳子。四月，辛讜再從泗州突圍至揚、潤迎糧。龐勛勢蹙，率軍竄擾，北至豐縣，破魏博援軍，乘勝欲襲柳子鎮，淮南敗卒逃詣康承訓，告以日期，承訓先爲之備，龐勛大敗，遁回徐州。七月，康承訓克臨渙，八月，圍宿州，九月，徐州舊將張玄稔與官軍裏應外合，破徐州。當官軍圍宿州時，龐勛引兵二萬自石山西出，所過焚掠無遺，西襲宋州，未下，南掠亳州，欲渡渙水東歸彭城，至蘄縣爲沙陀兵追及，叛軍與戰大敗，勛亦死於此役。十月，馬舉敗吳迥，復濠州。亂平〔註50〕。計龐勛之亂前後共一年三個月，竄擾近半個東南區域，對此地經濟造成相當程度的破壞，其據運河要邑泗、宿、徐州近一年，又佔壽州阻斷東南漕運由淮入潁轉上都之運路。宣武巡屬宋、亳、潁州均成了交戰區，汴州反成爲數萬官軍輜糧的供應站。唐發大軍欲速平龐勛之亂，其理由至爲明白〔註51〕。徐州平，賊黨猶相聚閭里爲盜，散居兗、鄆、青、齊之間，朝命徐州觀察使夏侯瞳招諭之。咸通十一年（870）六月，調整戰後行政區，徐州仍置觀察使，統徐、濠、宿三州，泗州爲團練使，割隸淮南。〔註52〕

第四節　黃巢之亂與朱溫篡唐

一、黃巢之亂

　　咸通十年（869）龐勛之亂雖已平定，但乘亂崛起群盜並無法完全消滅，其中以散居於兗、鄆、青、齊之間者爲多〔註53〕，江淮地區遭兵災破壞，又

〔註49〕見《資治通鑑》，卷二五一〈唐紀六十七〉，懿宗咸通十年正月條，頁8138。
〔註50〕同前註引書，同卷，同年二～十月條，頁8140～8149。另見《舊唐書》，卷一八七下〈忠義下・辛讜傳〉，頁4914～4915；《新唐書》，卷一四八〈康承訓傳〉，頁4774～4779；《新唐書》，卷一六六〈杜悰傳〉，頁5092～5093；《新唐書》，卷二一八〈沙陀傳〉，頁6156。
〔註51〕龐勛等自桂州北上經湖南，入洞庭，沿長江南下，經揚州、楚州而入淮河，下泗州、宿州，據徐州。又派兵屯濠州、壽州，攻宋州，再遣將南寇舒、廬，北侵沂、海，陷滁州，寇和州，其寇擾之地不可謂小。（見《資治通鑑》，卷二五一〈唐紀六十七〉，懿宗咸通九年十二月條，頁8134）
〔註52〕見《資治通鑑》，卷二五二〈唐紀六十八〉，懿宗咸通十一年四月、六月條，頁8158～8159。
〔註53〕同註52。

繼之以天災〔註54〕，僖宗即位，翰林學士盧攜上言云：「……臣竊見關東去年旱災，自虢至海，麥纔半收，秋稼無幾，冬菜至少，貧者磑蓬實爲麵，蓄槐葉爲虀；或更爲衰羸，亦難收拾。常年不稔，則散之鄰境；今所在皆饑，無所依投，坐守鄉閭，待盡溝壑。其蠲免餘稅，實無可徵；而州縣以有上供及三司錢，督趣甚急，動加捶撻，雖撤屋伐木，雇妻鬻子，止可供所由酒食之費，未得至於府庫也。或租稅之外，更有他傜；朝廷儻不撫存，百姓實無生計。……」〔註55〕然政府並無適當措施以救其弊，「上下相蒙，百姓流殍，無所控訴，相聚爲盜，所在蜂起。州縣兵少，加以承平日久，人不習戰，每與盜遇，官軍多敗。是歲，濮州人王仙芝始聚眾數千，起於長垣（滑州匡城縣）。」〔註56〕六月，王仙芝及其黨尚君長攻陷濮州、曹州，眾至數萬，冤句人黃巢亦聚眾數千人以應仙芝，自是合軍攻剽州縣，橫行山東，民之困於重斂者爭歸之，數月之間，眾至數萬。

在王仙芝起事後數月，浙西狼山鎮遏使王郢等作亂，「行收黨眾近萬人，攻陷蘇、常，乘舟往來，泛江入海，轉掠二浙，南及福建，大爲人患。」〔註57〕淮河南北，群盜侵淫，朝廷以先保通濟運路爲重，乾符二年（875）十一月詔淮南、忠武、宣武、義成、天平五軍節度使、監軍甌加討捕及招懷。並於乾符三年四月，「賜宣武、感化節度、泗州防禦使密詔，選精兵數百人於巡內遊弈，防衛綱船，五日一具上供錢米平安狀聞奏。」〔註58〕蓋以汴、徐、泗三鎮，汴水所經，東南綱運輸上都者，皆由此道也。群盜從橫，恐爲所掠，故密詔選兵遊弈防衛。

王仙芝等起事後，竄擾極速，十二月，寇沂州，乾符三年（876）七月，爲平盧節度使宋威敗於沂州城下。八月，王仙芝陷陽翟（屬汝州）、郟城（屬河南府），進逼東都，唐詔以忠武節度使崔安潛襲其後，以昭義節度使曹翔將步騎及義成兵衛東都宮，以左散騎常侍曾元裕爲招討副使，守東都，又詔山南東道節度使李福選步騎二千守汝、鄧要路。雖如此，仍無法抵擋王仙芝攻

〔註54〕 咸通十四年八月，關東、河南大水。（見《資治通鑑》，卷二五二〈唐紀六十八〉，懿宗咸通十四年八月條，頁8167）

〔註55〕 見《資治通鑑》，卷二五二〈唐紀六十八〉，僖宗乾符元年正月條，頁8168～8169。

〔註56〕 同註55，頁8174。

〔註57〕 同前註引書，僖宗乾符二年四月條，頁8178～8179。

〔註58〕 同前註引書，僖宗乾符三年四月條，頁8183。

勢，九月，仙芝陷汝州（北至東都一百六十里），執刺史王鐐，東都大震，士民挈家逃出城。仙芝復東北出攻陽武、鄭州，十月，仙芝南攻唐、鄧。十二月仙芝東向攻淮南，至蘄州，蘄州刺史裴偓許為王仙芝等奏官，僖宗許之為左神策軍押牙兼監察御史，黃巢以官不及己，激眾怒，仙芝亦不敢受官，遂大掠蘄州，與黃巢各分道而去。〔註59〕

乾符四年（877）王仙芝、黃巢侵擾河淮，王郢寇掠兩浙，朝廷戰略為先弱後強。正月，以右龍武大將軍宋皓為江南諸道招討使，先發諸道兵外，更發忠武、宣武、感化三道，宣、泗二州兵，合一萬五千人討王郢，閏二月，郢為甬橋鎮遏使劉巨容射殺，亂平〔註60〕。王仙芝、黃巢起事至今已二年餘，仍然到處流竄，無一目標，唐政府軍疲於奔命，乾符四年七月，王仙芝、黃巢攻宋州，平盧、宣武、忠武三道兵與戰不利；八月，王仙芝陷隨州，轉掠復、郢。忠武、宣武援襄州兵，自申、蔡間逃歸，正如鄭畋之言：「……罄竭資糧，賊往來千里，塗炭諸州。……」〔註61〕五年（878）二月，招討使曾元裕大破王仙芝於黃梅（屬蘄州），殺五萬餘人，追斬仙芝，餘黨散去。（見圖十六）

王仙芝死，黃巢繼續竄擾，五年三月，攻葉、陽翟，詔發河陽兵千人赴東都，與宣武、昭義兵二千人共衛宮闕。時東都軍儲不足，朝廷「貸商旅富人錢穀以供數月之費……時連歲旱蝗，寶盜充斥，耕桑半廢，租賦不足，內藏空虛，無所攸助，兵部侍郎、判度支楊嚴三表自陳才短不能濟辦，辭極哀切，詔不許。」〔註62〕在朝廷忙於應付內亂時，外患又起，乾符五年正月，沙陀李克用執殺大同軍防禦使段文楚，令將士表求赦命，朝廷不許，李克用與其父李國昌併軍作亂，攻城掠地，朝廷討之不勝，位居黃河南北的節度使如宣武、忠武、義成、昭義、河陽，肩負南征北討的任務，其責任最重，其

〔註59〕見《資治通鑑》，卷二五二〈唐紀六十八〉，僖宗乾符三年七月～十二月條，頁8184～8188。

〔註60〕《資治通鑑》，卷二五三〈唐紀六十九〉，僖宗乾符四年閏二月條，頁8190載：「王郢橫行浙西，鎮海節度使裴璩嚴兵設備，不與之戰，密招其黨朱實降之，散其徒六七千人，輸器械二十餘萬，舟航、粟帛稱是。敕以實為金吾將軍。於是郢黨離散；郢收餘眾，東至明州，甬橋鎮遏使劉巨容以筒射箭殺之，餘黨皆平。」

〔註61〕同前註引書，同卷，同年十月條，頁8193。

〔註62〕《資治通鑑》，卷二五三〈唐紀六十九〉，僖宗乾符五年三、四月條，頁8201～8203。

圖十六：唐代黃巢之亂圖

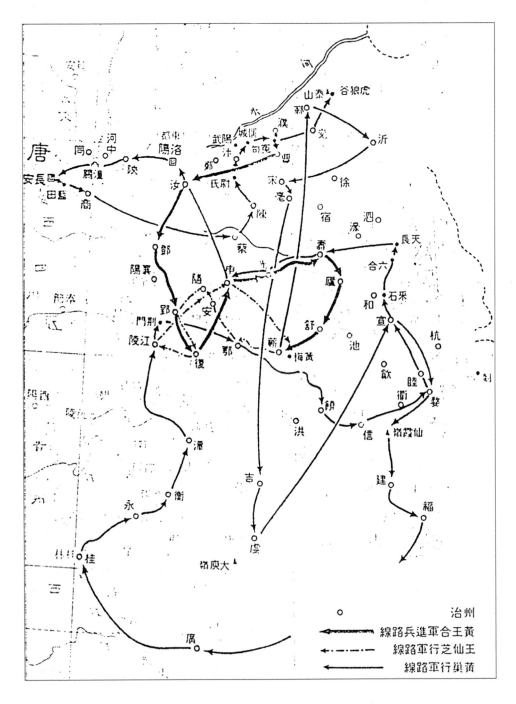

註：本圖採自《中國歷史地圖》（台北：中國文化大學出版）。

軍力益為勇悍。〔註63〕

　　乾符五年三月，黃巢逼東都後又攻掠而南，寇江西、安徽、福建。六年九月，陷廣州，大掠嶺南州縣。黃巢在嶺南，士卒罹瘴疫死者什三四，其黨勸之北還以圖大事，遂自桂州編大栿數十，沿湘江而下，歷衡、永州、陷潭州、掠江陵、北趣襄陽，為官軍所敗，復攻鄂州，轉掠饒、信、池、宣、歙、杭等十五州，眾至二十萬。原本黃巢襄陽之敗，官軍可趁勝追擊，勝負尚未可知，然朝廷舉措已令諸將寒心，故諸將留賊以為富貴之資，自是各地將帥多不忠心擁戴長安政府，而各自發展勢力。〔註64〕

　　廣明元年（880）七月，黃巢自采石渡江，圍天長六合縣（屬揚州），淮南節度使高駢不敢出兵，但命諸將嚴備，自保而已。九月，巢破泗州曹全晟軍，渡淮北上，入潁、宋、徐、兗之境。十一月入汝州境，汝鄭把截制置都指揮使齊克讓請救兵、資糧，援未至虢，黃巢已陷東都，留守劉允章帥百官迎謁，巢入城，勞問而已，閭里晏然。五日後，巢陷虢州、潼關守將張承範上言求援：「聞黃巢擁數十萬之眾，鼓行而西，齊克讓以飢卒萬人依託關外，復遣臣以二千人求於關上，又未聞為餽餉之計，以此拒賊，臣竊寒心。願陛下趣諸道精兵早為繼援。」〔註65〕援未至而黃巢大軍已至潼關，張承範敗

〔註63〕見《資治通鑑》，卷二五三〈唐紀六十九〉，僖宗乾符五年正月條，頁8195～8198載：「時河南盜賊蠭起，雲州沙陀兵馬使李盡忠與牙將康君立、薛志勤、程懷信、李存璋等謀曰：『今天下大亂，朝廷號令不復行於四方，此乃英雄立功名富貴之秋也。吾屬雖各擁兵眾，然李振武功大官高，名聞天下，其子（李克用）勇冠諸軍，若輔以舉事，代北不足平也。』」另見《新唐書》，卷二一八〈沙陀傳〉，頁6156～6157。

〔註64〕見《資治通鑑》，卷二五三〈唐紀六十九〉，僖宗乾符六年十一月條，頁8219載：「黃巢北趣襄陽，劉巨容與江西招討使、淄州刺史曹全晟合兵屯荊門以拒之。賊至，巨容伏兵林中，全晟輕騎逆戰，陽不勝而走，賊追之，伏發，大破賊眾，乘勝逐北，比至江陵，俘斬其什七八。巢與讓收餘眾渡江東走。或勸巨容窮追，賊可盡也。巨容曰：『國家喜負人，有急則撫存將士，不愛官賞，事寧則棄之，或更得罪：不若留賊以為富貴之資。』眾乃止。全晟渡江追賊，會朝廷以泰寧都將段彥謨代為招討使，全晟亦止。」

〔註65〕《資治通鑑》，卷二五四〈唐紀七十〉，僖宗廣明元年十一月條，頁8237。時潼關危急，僖宗方欲西幸，無任何救援措施，張承範告急言：「臣離京六日，甲卒未增一人，餽餉未聞影響。到關之日，巨寇已來，以二千餘人拒六十萬眾，外軍飢潰，蹋開禁院。臣之失守，鼎鑊甘心；朝廷謀臣，愧顏何寄！苟鑾輿一動，則上下土崩。……」時中使田令孜之兄西川節度使陳敬瑄已豫為準備，請幸成都，在上者棄家國不顧，在下者焉能有為！另見《新唐書》，卷二二四下〈叛臣下·陳敬瑄傳〉，頁6406～6407。

逃，巢入華州，僖宗西走，十二月甲申，黃巢前鋒將柴存入長安，殺官吏、唐宗室殆盡。壬辰，巢即皇帝位，下赦書，國號大齊，改元金統，制置百官。丁酉，車駕至興元，詔諸道各出全軍收復京師，出兵者甚少。中和元年（881）正月，車駕幸成都。三月，朝廷以鄭畋爲京城四面諸軍行營都統，討黃巢，黃巢以畋文人輕之，遂爲畋所敗。其後朝廷援軍繼至，因爭功復爲巢所敗，諸軍皆退，賊勢愈熾〔註66〕。巢遣將四出攻掠，三月，朱溫陷鄧州，扼荊、襄。五月，李克用亦藉討黃巢之名，攻掠而南。同月，楊復光克鄧州，朱溫奔歸。中和二年（882）正月，詔以王鐸兼中書令，充諸道行營都都統，權知義成節度使，聽王鐸自辟將佐以討賊〔註67〕。二月，朱溫攻取同州，巢以之爲刺史。

二、朱溫的崛起

中和二年八月，朱溫見巢兵勢日蹙，知其將亡，親將胡眞、謝瞳勸溫歸國，九月，降王重榮，王鐸承制以溫爲同華節度使。十二月，李克用亦率兵至河中，助討黃巢。中和三年（883），黃巢將與諸道政府軍戰，數敗。四月，克用等入京師，黃巢力戰不勝，焚宮室遁去。至蔡州，節度使秦宗權與戰數敗，宗權遂稱臣於巢，與之連兵，北上攻陳州，爲趙犨所阻〔註68〕。七月，

〔註66〕《資治通鑑》，卷二五四〈唐紀七十〉，僖宗中和元年（881）四月條，頁8250載：「是時，唐弘夫屯渭北，王重榮屯沙苑，王處存屯渭橋，拓跋思恭屯武功，鄭畋屯盩厔。弘夫乘龍尾之捷，進薄長安。壬午，黃巢帥眾東走，程宗楚先自延秋門入，弘夫繼至，處存帥銳卒五千夜入城。坊市民喜，爭讙呼出迎官軍。……宗楚等恐諸將分其功，不報鳳翔、鄜夏，軍士釋兵入第舍，掠金帛、妓妾。……賊露宿霸上，詗知官軍不整，且諸軍不相繼，引兵還擊之，自諸門分入，大戰長安城中，宗楚、弘夫死，軍士負重不能走，是以甚敗，死者什八九。……丁亥，巢復入長安，怒民之助官軍，縱兵屠殺，流血成川，謂之洗城。於是諸軍皆退，賊勢愈熾。」

〔註67〕王鐸以太子少師崔安潛爲副都統，以周岌、王重榮爲都都統左右司馬、諸葛爽及宣武節度使康實爲左右先鋒使，時溥爲催遣綱運租賦防過使，又以王處存、李孝昌、拓跋思恭爲京城東北西面都統，以楊復光爲南面行營都監使。以右策觀軍容使西門思恭爲諸道行營都都監。以陝虢觀察使王重盈爲東面都供軍使。（見《資治通鑑》，卷二五四〈唐紀七十〉，僖宗中和二年（882）正月條，頁8261～8262）

〔註68〕《資治通鑑》，卷二五五〈唐紀七十一〉，僖宗中和三年五、六月條，頁8295～8296載：「初，巢在長安，陳州刺史宛丘趙犨謂將佐曰：『巢不死長安，必東走，陳其衝也。且巢素與忠武爲仇，不可不爲之備。』乃完城塹，繕甲兵，積芻粟；六十里之內，民有資糧者，悉徙之入城。……六月，（黃巢）與秦宗

宣武軍節度使朱全忠（朱溫降，賜名全忠，中和三年三月，以朱全忠爲宣武
節度使，俟克長安，令赴鎮）。至汴州，時「汴宋荐饑，公私窮竭，內外驕軍
難制，外爲大敵所攻，無日不戰，眾心危懼，而全忠勇氣益振。」〔註69〕因
黃巢未平，詔加全忠爲東北面招討使。朱全忠即以此爲根據地，發展勢力，
蓋當時群盜未平，諸鎮各擁兵自保，不則互爲攻佔，天下分崩離析，遵王命
者，惟河西、山南、劍南、嶺南數十州而已〔註70〕。朱全忠所統之宣武軍自
中唐以來，經歷不少戰亂，又居運河要地，其兵力自不可忽視。

中和三年十一月，全忠敗黃巢之黨於鹿邑，遂引兵入據亳州。時黃巢兵
力尚強，周岌（忠武）、時溥（感化）、朱全忠（宣武）不能支，共求救於河
東李克用。中和四年二月，李克用率兵自陝、河中渡河而東，會許、汴、徐、
兗軍以救陳州，敗走巢將黃鄴，陳州圍解。五月，巢將尚讓攻大梁，全忠遣
人求救於克用，克用遣兵擊敗之，尚讓率其眾降全忠。五月，甲戌，克用至
汴州，全忠宴之，克用乘酒使氣，語頗侵之，全忠欲殺之，未果，自是兩鎮
交惡。克用凡八上表，言全忠之惡，朝廷未做處置，此後「藩鎮相攻者，朝
廷不復爲之辯曲直，由是互相吞噬，惟力是視，皆無所稟畏矣。」〔註71〕

中和四年（884）六月，黃巢爲其甥林言所斬，黃巢平。但蔡州節度使秦
宗權繼之爲亂，縱兵四出，侵噬鄰道，攻宣武，朱全忠求救於天平節度使朱
瑄，朱瑄遣弟朱瑾救之，乃敗宗權。「時黃巢雖平，秦宗權復熾，命將出兵，
寇掠鄰道，陳彥侵淮南，秦賢侵江南，秦誥陷襄、唐、鄧，孫儒陷東都、孟、
陝、虢，張晊陷汝、鄭，盧瑭攻汴、宋，所至屠剔焚蕩，殆無孑遺。其殘暴
又甚於巢，軍行未始轉糧，車載鹽尸以從。北至衛、滑，西及關輔，東盡青、
齊，南出江、淮，州鎮存者僅保一城，極目千里，無復煙火。」〔註72〕

光啓元年（885）正月，秦宗權寇潁、亳，朱全忠敗之焦夷（亳州城父縣
界）。二月，秦宗權稱帝，置百官，唐以武寧節度使時溥爲蔡州四面行營兵馬都

權合兵圍陳州，掘塹五重，百道攻之。陳人大恐，犨諭之曰：『忠武素著義勇，
陳州號爲勁兵，況吾家久食陳祿，誓與此州存亡。……』巢益怒，營於州北，
立宮室百司，爲持久之計。時民間無積聚，賊掠人爲糧，生投於碓磑，併骨
食之，號給糧之處曰：『春磨寨』，縱兵四掠，自河南、許、汝、唐、鄧、孟、
鄭、汴、曹、濮、徐、兗等數十州，咸被其毒。」

〔註69〕同前註引書，頁8297。
〔註70〕見《資治通鑑》，卷二五六〈唐紀七十二〉，僖宗光啓元年二月條，頁8320。
〔註71〕見《資治通鑑》，卷二五六〈唐紀七十二〉，僖宗中和四年七月條，頁8313。
〔註72〕同前註引書，同卷，同年十二月條，頁8318。

統以討之。時朱全忠以發展個人勢力為主，西與陳州刺史趙犨結婚〔註73〕，六月，宗權將孫儒陷東都，燒宮室、官寺、民居，大掠席捲而去，十月秦宗權敗朱全忠於八角鎮（汴州浚儀縣），時全忠軍力尚非宗權之敵。當時兵力最強者為將蕃、漢十數萬軍的李克用，克用怨朝廷不罪朱全忠，遂進兵京師，十二月，乙亥夜，田令孜奉僖宗幸鳳翔，克用軍焚掠長安，無孑遺〔註74〕。時天下皆罪田令孜弄權，再致播遷，朱玫、李昌符亦恥為田令孜所用，且憚李克用、王重榮之強，與之合勢。光啓二年（886）四月，朱玫逼鳳翔百官奉襄王熅權監軍國事，還京師。時諸道貢賦多之長安，不之興元。〔註75〕

關中多事之時，河南亦僅足自保，李克用以除逆黨名義入關中，朱全忠亦以河南之中流砥柱與秦宗權周旋。光啓二年（886）五月，秦賢寇宋汴，朱全忠敗之於尉氏南，癸巳，朱全忠且遣都將郭言將步騎三萬擊蔡州。十一月，朱全忠因義成節度之亂，兼併之〔註76〕，實力漸增。秦宗權自以兵力十倍於朱全忠而數為所敗，甚以為恥，欲悉力以攻汴州，全忠兵力不及宗權，光啓三年（887）二月，遣朱珍至淄青求援，四月，援軍至，全忠出奇兵以擊蔡人，宗權將秦賢大敗。蔡將盧瑭屯于萬勝（屬中牟縣）夾汴水而軍，以絕汴州運路，朱全忠乘霧襲之，掩殺殆盡，於是蔡兵皆往依宗權將張晊，晊屯于赤岡（在汴城北），全忠復擊之，殺二萬人。自是蔡人大驚，全忠乃還軍大梁，養兵休士〔註77〕。秦宗權聞張晊敗，自鄭州引精兵會張晊，以擊全忠，全忠求救於兗、鄆，朱瑄、朱瑾皆引兵赴之，義成軍亦至。五月辛巳，全忠以四鎮兵攻秦宗權於邊孝村（在汴州北郊），大破之，追宗權至陽武橋而還（陽武橋

〔註73〕「秦宗權攻鄰道二十餘州，陷之；唯陳州距蔡百餘里，兵力甚弱，刺史趙犨日與宗權戰，宗權不能屈。詔以犨為蔡州節度使。犨德全忠之援，與全忠結婚，凡全忠所調發，無不立至。」（見《資治通鑑》，卷二五六〈唐紀七十二〉，僖宗光啓元年八月條，頁8324）

〔註74〕見《資治通鑑》，卷二五六〈唐紀七十二〉，僖宗光啓元年（885）十月～十二月，頁8326～8328。中和以來，河中節度使王重榮專安邑、解池之利，田令孜徙重榮為泰寧節度使，王重榮自以為有復京城功，為田令孜所擯，不肯之兗州，累表論令孜離間君臣，數令孜十罪，令孜結邠寧節度使朱玫、鳳翔節度使李昌符以抗之。王重榮求救於李克用，克用以誅田令孜、朱玫、李昌符為名，稱兵犯闕，僖宗始有再幸之舉。

〔註75〕見《資治通鑑》，卷二五六〈唐紀七十二〉，僖宗光啓二年四、五月條，頁8334～8336。

〔註76〕同前註引書，同年十一月，頁8340～8341。

〔註77〕見《資治通鑑》，卷二五七〈唐紀七十三〉，僖宗光啓三年四月條，頁8350～8355。

在鄭州陽武縣，汴州西北九十里）。「蔡人之守東都、河陽、許、汝、懷、鄭、陝、虢者，聞宗權敗，皆棄去。宗權發鄭州，孫儒發河陽，皆屠滅其人，焚其廬舍而去，宗權之勢自是稍衰。」〔註78〕大敵勢衰，朱全忠欲行其兼併之策，其目標即為汴州之東的兗、鄆，但以朱瑄兄弟有功於己，攻之無名，乃誣朱瑄招誘宣武軍士，移書誚讓，瑄復書不遜。八月。朱全忠遣其將朱珍、葛從周襲曹州，拔之；攻濮州，敗之，朱瑄、朱瑾僅以身免，全忠與兗、鄆始有隙。九月，朱珍再攻濮州，朱瑄遣弟朱罕救之，為朱全忠所擒斬。十月，朱珍拔濮州。〔註79〕

　　時淮南楊行密與秦彥、畢師鐸，互相攻戰，朝廷以河南屬朱全忠勢力最強，遂以光啟三年（887）閏十一月，以朱全忠兼淮南節度使、東南面招討使。然此時各藩鎮自擅軍隊，不聽朝命，朱全忠先後與淮南、徐州構怨，然蔡賊未平，全忠為免四面受敵，亦無如之何。文德元年（888）正月，蔡將石璠將萬餘人寇陳、亳，朱全忠遣將擒之。癸亥，詔以全忠為蔡州四面行營都統，代時溥，諸鎮兵皆受全忠節度。朱全忠受此重任，又不能向東南發展勢力，遂專力對付秦宗權。三月，李克用發兵助李罕之攻河陽，河陽節度使張全義求救於朱全忠，四月，朱全忠遣兵救河陽，敗李克用軍。全義德全忠助己，盡心附之，全忠每出戰，全義主給其糧仗無乏。朱全忠既得洛、孟，無西顧之憂，乃發大兵擊秦宗權，大破宗權於蔡州之南，宗權屯守中城，全忠分諸將為二十八塞以環之。十二月，蔡將申叢執宗權，降於全忠，全忠表申叢為蔡州留後。龍紀元年（889）正月，蔡將郭璠殺申叢，送秦宗權於汴，全忠遂以郭璠為淮西留後，軍勢益盛。〔註80〕

三、朱全忠與鄰鎮的交兵

　　秦宗權平定，朱全忠因功加中書令，進爵東平郡王。時朱全忠周圍：河東有李克用，徐州有時溥，淮南有楊行密，河中有王重榮。朱全忠欲擴張勢力，勢必會與諸鎮衝突。

　　龍紀元年（889）十一月，朱全忠遣龐師古將兵自潁上趨淮南，擊孫儒，大順元年（890）正月，渡淮，聲言救楊行密，二月，師古引兵深入淮南，為

〔註78〕同前註引書，同卷，同年五月條，頁8356～8357。
〔註79〕同前註引書，同卷，同年八～十月條，頁8360～8363。
〔註80〕見《資治通鑑》，卷二五七〈唐紀七十三〉，僖宗光啟三年十月條；卷二五八〈唐紀七十四〉，昭宗龍紀元年正月條，頁8363～8387。

孫儒所敗而還。楊行密遣將，乘虛襲據潤州，朝廷見無法平淮南，遂以宣歙軍爲寧國軍，楊行密爲節度使。〔註81〕

大順元年（890），李克用將兵攻雲州防禦使赫連鐸，克其東城，幽州李匡威以兵三萬救之，李克用走。四月，赫連鐸、李匡威表請討李克用，朱全忠亦上言：「克用終爲國患，今因其敗，臣請討汴、滑、孟三軍，與河北三鎮共除之。乞朝廷命大臣爲統帥。」宰相張濬採其建議，下制削克用官爵、屬籍，以濬爲河東行營都招討制置宣慰使，京兆尹副之，以鎮國節度使韓建爲都虞候兼供軍糧料使，以朱全忠爲南面招討使，李匡威爲北面招討使，赫連鐸副之。「是役也，朝廷倚朱全忠及河朔三鎮；及濬至晉州，全忠方連兵徐、鄆，雖遣將攻澤州而身不至。行營乃求兵糧於鎮、魏，鎮、魏依河東爲扞蔽，皆不出兵；惟華、邠、鳳翔、鄜、夏之兵會之。兵未交而孫揆被擒，幽、雲俱敗，楊復恭復從中沮之，故濬軍望風自潰。」〔註82〕魏博不供軍糧，全忠怒，遣將攻之。大順二年（891）正月，全忠自將攻魏博羅弘信，敗之，弘信請和，全忠止焚掠，歸其俘，還軍河上，魏博自是服於汴。

自光啓至大順六七年間，朱全忠連攻時溥，徐、泗、濠三州民不得耕穫，兗、鄆、河東兵救之，皆無功，復值水災，人死者什六七。溥困甚，請和於全忠，全忠必以移鎮乃可，溥恐全忠詐而殺之，不受代。景福二年（893）四月，汴將龐師古陷彭城，時溥舉族登樓自焚死，徐州地入于全忠。〔註83〕

景德元年（892）六月，楊行密破斬孫儒，儒眾多降於行密，行密歸揚州。八月，詔以楊行密爲淮南節度使、同平章事。「先是，揚州富庶甲天下，時人稱揚一，益二，及經秦（彥）、畢（師鐸）、孫（儒），楊（行密）兵火之餘，江淮之間，東西千里掃地盡矣。」〔註84〕及行密滅孫儒，招撫流散，輕徭薄斂，未及數年，公私富庶，幾復承平之舊。其時諸鎮相攻，非厚植民力，不足與他鎮爭，行密爲此，亦僅足自保而已。

魏博效忠於全忠、徐、泗已入全忠手，楊行密只能保境安民，時朱全忠

〔註81〕見《資治通鑑》，卷二五八〈唐紀七十四〉，昭宗大順元年正月～三月條，頁8393～8395；《新唐書》，卷一八八〈楊行密傳〉，頁5453。

〔註82〕見《資治通鑑》，卷二五八〈唐紀七十四〉，昭宗大順元年十月條，頁8409；《新唐書》，卷二一八〈沙陀傳〉，頁6160～6161。

〔註83〕見《舊唐書》，卷一八二〈時溥傳〉，頁4716～4717。

〔註84〕見《資治通鑑》，卷二五九〈唐紀七十五〉，昭宗景福元年七月條，頁8430～8431。

最欲兼併者，為兗、鄆。全忠攻時溥，朱瑾出軍援溥，徐、泗平，全忠移兵攻鄆。三、四年間，每春秋入其境剽掠，人不得耕織，民為俘者十五六，朱瑄禦備殫竭。乾寧元年（894）二月，朱全忠自將擊朱瑄於魚山（在鄆州），瑄、瑾俱敗。汴將朱友裕以長塹圍之。乾寧四年（897）正月，城中食竭，朱瑄出奔為野人所執，朱瑾奔楊行密。自是鄆、齊、曹、棣、兗、沂、密、徐、宿、陳、許、鄭、滑、濮皆入于全忠。惟王師範保淄青一道，亦服於全忠〔註85〕。朱全忠既得兗、鄆，甲兵益盛，乃大舉擊楊行密，乾寧四年（897）九月，遣龐師古以徐、宿、宋、滑之兵七萬屯清口，將趨揚州，葛從周以兗、鄆、曹、濮之兵屯安豐，將趨壽州，全忠自將屯宿州，淮南震恐。龐師古輕敵，為朱瑾壅淮水所灌，汴軍大敗，全忠聞敗，亦奔還，行密由是遂保據江淮，全忠不能與之爭。〔註86〕

　　李克用自乾寧元年（894）三月，殺大將李存孝後，兵勢浸弱，而造成朱全忠獨盛的局面。全忠雖不能兼併淮南，在當時局勢中，其實力已是天下第一了。

四、朱全忠篡唐

　　朱全忠實力既已為天下第一，而當時長安王室多故，南北司爭權，各樹朋黨，外結藩帥。乾寧三年（896）七月，李茂貞犯京師，昭宗幸華州。茂貞入長安，自中和以來所葺宮室、市肆，燔燒俱盡〔註87〕。韓建專制朝政，罷宰相崔胤，胤求援於朱全忠，且教之營東都宮闕，表迎車駕。朱全忠與河南尹張全義表請昭宗遷都洛陽，且言崔胤忠臣不宜出外，昭宗乃復以崔胤為相。〔註88〕

　　朝政紊亂，正好予野心分子藉口。昭宗光化三年（900）昭宗與崔胤密謀誅宦官，事不密，昭宗為劉季述所幽，以德王監國。季述畏全忠之強，不敢殺胤，但罷知政事。胤復致書全忠，請出師反正，故全忠令大將張存敬急攻

〔註85〕見《舊唐書》，卷一八二〈朱瑄、朱瑾傳〉，頁4717～4718；另見《資治通鑑》，卷二六一〈唐紀七十七〉，昭宗乾寧四年二月條，頁8501。

〔註86〕見《資治通鑑》，卷二六一〈唐紀七十七〉，昭宗乾寧四年九月～十一月條，頁8509～8511。

〔註87〕見《舊唐書》，卷一七七〈崔胤傳〉，頁4582；另見《資治通鑑》，卷二六○〈唐紀七十六〉，昭宗乾寧三年七月條，頁8491。

〔註88〕同前註引《舊唐書》，頁4583；《資治通鑑》，同卷，同年九月條，頁8493～8494。

晉絳河中。昭宗天復元年（901）五月，朱全忠奏乞除河中節度使，而諷吏民請己爲帥，癸卯，以全忠爲宣武、宣義、天平、護國四鎮節度使，全忠所以欲領河中者，上以制朝廷，下以制李克用也。時朱全忠、李茂貞各有挾天子以令諸侯之意，全忠欲昭宗幸東都，茂貞欲昭宗幸鳳翔。十月，戊申，朱全忠至河中，表請車駕幸東都，京城大駭，士民亡竄山谷。是日，百官皆不入朝，闕前寂無人。十一月，朱全忠至長安，戊辰，至鳳翔，昭宗屢詔全忠還鎮，全忠乃拜表奉辭。至三原，崔胤趣之迎駕，天復二年（902）正月，朱全忠復屯三原，又移軍武功，將逼鳳翔。河東將與朱全忠數戰，三月，全忠還河中。昭宗以金吾將軍李儼爲江淮宣諭使，書御札賜楊行密，以行密爲東面行營都統、中書令、吳王，以討朱全忠。行密攻宿州不克，遂引還。

　　四月，崔胤至河中，言恐李茂貞劫天子幸蜀，宜以時迎奉，勢不可緩。五月，朱全忠將精兵五萬發河中，李茂貞與戰大敗而還。全忠軍至鳳翔城下，分兵五寨以環之。李茂貞數與朱全忠交戰，均大敗。十月丁亥，全忠表請修宮闕及迎車駕。茂貞固守，全忠圍不解，茂貞乃誅宦官以自贖。宦官韓全誨等二十餘人已誅，而全忠圍猶未解。天復三年（903）正月，甲子，車駕出鳳翔，幸全忠營，己巳，回長安。庚午，全忠盡殺內侍省宦官。〔註89〕

　　昭宗回京，朱全忠布列其黨羽於禁衛軍及京輔，天子形同傀儡，三月，全忠回至大梁。鳳翔（李茂貞）、邠州（李繼徽）在朱全忠歸後屢出兵近京畿，全忠疑其復有劫遷之謀，十一月，再度發兵西向。天祐元年（904）正月，朱全忠殺崔胤等。己酉，全忠引兵屯河中。丁巳，昭宗御延喜樓，朱全忠請遷都洛陽。「壬戌，車駕發長安，全忠以其將張廷範爲御營使，毀長安宮室百司民間廬舍，取其材，浮渭沿河而下，長安自此遂丘墟矣。全忠發河南、北諸鎮丁匠數萬，令張全義治東都宮室。」〔註90〕二月，車駕至陝，以東都宮室未成，駐留於陝。四月，朱全忠奏洛陽宮至已成，請車駕東行。甲辰，入宮，御正殿，受朝賀。全忠先除昭宗身邊侍兒二百餘人，代之以自己親信，東都宮城防禦又全委之腹心。五月，朱全忠歸大梁。六月，李茂貞、楊崇本、李克用、劉仁恭、王建、楊行密、楊匡凝移檄往來，皆以興復爲辭。全忠方欲西討，以帝有英氣，恐變生於中，欲立幼君，易謀禪代。八月，弒帝，立昭

〔註89〕見《資治通鑑》，卷二六三〈唐紀七十九〉，昭宗天復二年正月～天復三年正月條，頁8567～8595。

〔註90〕見《資治通鑑》，卷二六四〈唐紀八十〉，昭宗天祐元年正月～二月條，頁8624～8628。

宣帝，年十三。十月，復回大梁。

天祐二年（905）十二月，詔加全忠九錫，進封魏王。全忠辭不受，然已修大梁府舍爲宮闕矣。開平元年（907）正月，唐昭宣帝遣御史大夫薛貽矩至大梁勞全忠，請以臣禮見。二月，昭宣帝禪位於朱全忠。唐祚終。

唐朝末年，內憂外患相繼踵至，龐勛之亂方平，王仙芝、黃巢隨之起兵，黃巢竄擾區域之廣、速度之快，前所未見。東南財賦區所遭受之破壞，亦屬空前。黃巢之亂雖平，秦宗權繼之，寇擾範圍不及黃巢，其殘酷則過之。討伐叛亂，造就了一批新軍閥，他們不以中央爲意，自相攻伐，局勢稍穩即保境安民，厚植國力，以爲逐鹿之資。朱溫爲黃巢降將，平秦宗權始著功名，自受任宣武節度使，即以爲基地發展個人勢力，時兩京屢遭賊寇焚掠，已是千里蕭條的景象，朱全忠選汴州爲其國都，即考慮經濟因素。自中和三年（883），溫爲宣武節度使，至天祐三年（906），朱溫甚少把戰爭帶到自己轄區之內，經二十幾年的經營，自有一番繁榮景象，其定都，非大梁莫屬。

第六章 結 論

　　宣武軍節度使自興元元年始固定轄汴、宋、亳、潁四州。此四州地勢低平，自古即為連絡黃河流域與淮水流域的重要交通孔道，亦為兵家必爭之地。自隋開通濟渠經此，其地位一躍為江淮漕運入黃河的咽喉，其重要性益顯，因其地位特殊，唐時已為黃淮平原中第一大都市。

　　唐都關中，糧食顯然不足，太宗時就有轉漕關東糧食之需要，至高宗武后玄宗，倘遇天災而關中無三年之儲，則就食東都之舉，便屢見不鮮。為解決食糧問題，漕政頗受當局的重視，只是安史亂前財賦要區並不偏重在江南。

　　安史之亂後，河北不復為王土，貢賦不輸於中央，長安政權對江淮之物質需求轉殷，負有轉輸重任的通濟渠及其沿岸城市要邑亦倍受重視。漕運的改革、轉運使的派任、沿運河節鎮的選擇均是朝廷要務。

　　汴州為水陸之會，當地居民成分相當複雜，自來號稱難理，加上其他位北臨相衛，西距東都，南接陳蔡，東望兗鄆，其所沾染之風習亦相當多樣化。安史亂後，河北安置安史降將，河南亦置藩鎮以相制衡，且節帥皆是武將，汴宋居南北藩鎮之中，其軍士受河北影響，屢生變亂，在代宗、德宗時，汴州兵變次數居全國各區之冠。變亂發生第一大影響就是阻斷漕運。所以朝廷對汴宋節度使的人選，至為重視。代、德時河北、淄青、淮西等諸鎮連兵，宣武就成為敵對雙方爭取的對象：亂軍控制宣武，則可扼唐政府咽喉，又可漕東南糧食以濟軍；唐政府控制宣武，則可阻斷淄青、河朔與淮蔡的聯合，財賦亦可源源不斷的輸入。元和中興時，其地位亦復如此。

　　穆宗君臣舉措失當，釀成河北藩鎮復叛，對元和中興成果造成重大打

擊。但從穆宗以後，以文人擔任節帥是唐朝廷力行的政策，至少在沒有亂事時，文人節度對唐政權的威脅要比武人小得多。汴宋自敬宗始以令狐楚任節度使，至朱溫接任，宣武一直維持穩定的狀態。

河北的藩鎮經過數十年的蛻變，雖然世襲，租賦不入中央，每年之貢獻亦復不少，其武力更不足以威脅唐政府的安全，倒是全國性的經濟問題，導致唐帝國的崩潰。

唐中期以後的對外戰爭在在需要龐大的經費與兵力，政府所能取得財賦的地區仍在江淮。同理，江淮之民深受聚歛之苦，從懿宗時的龐勛之亂起，繼之王仙芝、黃巢、秦宗權之亂，倡亂者登高一呼而百應，其來有自。唐晚期的叛亂，破壞了東南經濟區，不啻是斷了唐帝國的命脈。尤其嚴重的是江淮藩鎮的擁兵互伐，許多州縣是極目千里，不見人煙。唐末中央政府的貪腐無能與地方的分崩離析已是有目共睹的事實，割據一方的強藩，亦各自發展實力。朱溫降唐至篡唐二十餘年間，以宣武爲基礎，逐漸兼併鄰道，在史料中只見朱溫遣將外出作戰，儘少把戰場引入轄區，昭宗乾寧四年（897），朱全忠統有河南道全部，經多年的開發，其實力已爲天下第一，然這須具備相當的經濟基礎。長安、洛陽，經過黃巢、秦宗權、李茂貞的焚掠，已是千里蕭條，荒涼已極，無怪乎朱全忠數度入關，事畢即歸大梁，不曾居長安、洛陽。及其篡位，自需以河南之經濟基礎，做爲開創新王朝的資本，故一國國都必隨經濟區轉移而變動，國都與經濟區聯繫不能密切結合，則政權必不能持久。

參考書目

壹、重要史料

1. 二十五史刊行委員會輯，《二十五史補編》，不分卷，台北：台灣開明書店，民國48年台一版。

2. 王存，《元豐九域志》，十卷，台北：文海出版社印行。

3. 王喜，《治河圖略》，一卷，台北：藝文印書館據清嘉慶張海鵬輯刊墨海金壺影印，百部叢書集成四十七，第三函。

4. 王溥，《唐會要》，一○○卷，台北：世界書局，民國63年四版。

5. 王讜，《唐語林》，八卷，附校勘記，收入台北：藝文印書館，百部叢書集成五十二，守山閣叢書第十二函。

6. 王方慶輯，《魏鄭公諫錄》，五卷，收入台北：藝文印書館，百部叢書集成九十四，畿輔叢書第八函。

7. 王夫之，《讀通鑑論》，三十卷，台北：里仁書局，民國71年3月出版。

8. 王在晉，《通漕類編》，九卷，台北：台灣學生書局據明天啓崇禎年間刊本景印，民國59年12月初版。

9. 王定保，《唐摭言》，十五卷，收入台北：藝文印書館，百部叢書集成四十六，學津討源第二十三函。

10. 王欽若、楊億等，《冊府元龜》，一○○○卷，台北：清華書局據明刻校宋本影印，民國56年3月初版。

11. 王鳴盛，《十七史商榷》，一○○卷，台北：大化書局，民國66年5月影印初版。

12. 王應麟，《玉海》，二○四卷，京都：中文出版社，1986年10月再版。

13. 令狐德棻，《周書》，五十卷，北京：中華書局，1971年11月第一版。

14. 司馬光，《資治通鑑》，二九四卷，台北：宏業書局縮印本，民國 67 年 5 月 1 日再版。

15. 司馬遷，《史記》，一三〇卷，北京：中華書局，1959 年 9 月第一版。

16. 沈約，《宋書》，一〇〇卷，北京：中華書局，1974 年 10 月第一版。

17. 宋綬、宋敏求，《唐大詔令集》，一三〇卷，台北：鼎文書局，民國 61 年 9 月初版。

18. 杜佑，《通典》，二〇〇卷，台北：台灣商務印書館，民國 76 年 12 月台一版。

19. 杜牧，《樊川文集》，二十卷，上海：上海商務印書館縮印江南圖書館藏明翻宋刊本。

20. 李昉，《太平廣記》，五〇〇卷，台北：新興書局據乾隆乙亥年刻本影印，民國 58 年 12 月新一版。

21. 李昉等，《文苑英華》，一〇〇〇卷，台北：華文書局影印，民國 54 年 5 月出版。

22. 李昉等，《太平御覽》，一〇〇〇卷，台北：國泰文化事業有限公司，民國 69 年正月初版。

23. 李泰等，《括地志》，八卷，收入台北：藝文印書館，百部叢書集成四十一，岱南閣叢書第二函。

24. 李肇，《唐國史補》，三卷，收入台北：藝文印書館，百部叢書集成四十六，學津討源第十二函。

25. 李吉甫，《元和郡縣圖志》，四十卷，京都：中文出版社，1973 年 2 月出版。

26. 李延壽，《南史》，八十卷，新校標點本，台北：鼎文書局，民國 68 年 3 月再版。

27. 李延壽，《北史》，一〇〇卷，新校標點本，台北：鼎文書局，民國 68 年 3 月再版。

28. 李隆基敕撰，《大唐六典》，三十卷，台北：文海出版社，民國 63 年 6 月四版。

29. 李翱，《李文公集》，十八卷，上海：上海商務印書館縮印江南圖書館藏明成化刊本。

30. 吳兢，《貞觀政要》，十卷，上海中華書局據明刻本校刊，台北：台灣中華書局，民國 51 年 5 月台一版。

31. 吳縝，《新唐書糾繆》，二十卷，收入台北：藝文印書館，百部叢書集成二十九，知不足齋叢書第十四函。

32. 呂夏卿，《唐書直筆》，四卷，收入台北：藝文印書館，百部叢書集成六十六，小萬卷樓叢書第一函。

33. 岑參，《岑嘉州詩》，七卷，上海商務印書館縮印蕭山朱氏藏明正德本，收入四部叢刊初編集部第三十七本。

34. 房玄齡等，《晉書》，一三〇卷，北京：中華書局，1974 年 11 月第一版。

35. 周城，《宋東京考》，二十卷，北京：中華書局，1988 年 8 月第一版。

36. 姚鉉，《唐文粹》，一〇〇卷，上海商務印書館縮印校宋明嘉靖刊本，收入四部叢刊初編集部第一〇三本。

37. 姚思廉等，《梁書》，五十六卷，新校標點本，台北：鼎文書局，民國 67 年 11 月再版。

38. 計有功，《唐詩紀事》，八十一卷，上海商務印書館縮印明嘉靖刊本，收入四部叢刊初編集部第一〇九本。

39. 韋應物，《韋江州集》，十卷，台北：台灣商務印書館據上海涵芬樓藏明嘉靖戊申華雲江州刊本影印。

40. 段成式，《酉陽雜俎》，前集二十卷，續集十卷，上海商務印書館縮印明刊本，收入四部叢刊初編子部第二十七本。

41. 高適，《高常侍集》，八卷，上海商務印書館縮印明活字印本，收入四部叢刊初編集部第三十七本。

42. 袁樞，《通鑑紀事本末》，四十二卷，上海商務印書館縮印宋刊本，收入四部叢刊初編史部第十三本。

43. 范曄，《後漢書》，九十卷，新校標點本，台北：鼎文書局，民國 67 年 11 月三版。

44. 范祖禹，《唐鑑》，二十四卷，收入台北：藝文印書館，百部叢書集成九十五，金華叢書第九函。

45. 班固，《漢書》，一〇〇卷，北京：中華書局，1962 年 6 月第一版。

46. 張說，《張說之文集》，二十五卷，上海商務印書館縮印明嘉靖丁酉刊本，收入四部叢刊初編集部第三十五本。

47. 張九齡，《曲江張先生文集》，二十卷，上海商務印書館縮印南海潘氏藏明成化本，收入四部叢刊初編集部第三十五本。

48. 陳壽，《三國志》，六十五卷，新校標點本，台北：鼎文書局，民國 67 年 11 月三版。

49. 陳芳績，《歷代地理沿革表》，四十七卷，收入台北：藝文印書館，百部叢書集成八十六，史學叢書第三十四～三十六函。

50. 陳傅良，《歷代兵制》，八卷，收入台北：藝文印書館，百部叢書集成五十二，守山閣叢書第八函。

51. 溫大雅，《大唐創業起居注》，三卷，收入台北：藝文印書館，百部叢書集成四十六，學津詩源第九函。

52. 董誥等編，《欽定全唐文》，一〇〇〇卷，台南：經緯書局影印，民國 54 年 6 月出版。

53. 趙翼，《二十二史劄記》，十四卷，台北：華世出版社，民國 66 年 9 月新一版。

54. 歐陽忞，《輿地廣記》，三十八卷，收入台北：藝文印書館，百部叢書集成四十五，士禮居叢書第三函。

55. 歐陽修、宋祁等，《新唐書》，二二五卷，新校標點本，台北：鼎文書局，民國 70 年 1 月三版。

56. 劉向集錄，《戰國策》，三十三卷，台北：九思出版有限公司，民國 67 年 11 月台一版。

57. 劉昫等，《舊唐書》，二〇〇卷，新校標點本，台北：鼎文書局，民國 70 年 1 月三版。

58. 劉肅，《大唐新語》，十三卷，收入台北：藝文印書館，百部叢書集成十四，稗海第一函。

59. 樂史，《太平寰宇記》，一〇〇卷，台北：文海出版社印行。

60. 錢易，《南部新書》，十卷，收入台北：藝文印書館，百部叢書集成四十六，學津討源第二十三函。

61. 錢大昕，《二十二史考異》，一〇〇卷，京都：中文出版社，1976 年 8 月出版。

62. 錢謙益、季振宜輯，《全唐詩稿本》，七一六卷，台北：聯經出版事業公司據國立中央圖書館珍藏清稿本影印，民國 68 年 9 月出版。

63. 韓愈，《昌黎先生文集》，朱文公校注，四十卷，上海：上海商務印書館縮印元刊本。

64. 魏收，《魏書》，一一四卷，新校標點本，台北：鼎文書局，民國 68 年 2 月二版。。

65. 魏徵等，《隋書》，八十五卷，北京：中華書局，1973 年 8 月第一版。

66. 顧祖禹，《讀史方輿紀要》，一三〇卷，台北：新興書局據桐華書屋校補敷文閣藏板龍萬育原刊原刻本影印，民國 56 年 6 月一版。

貳、一般論著

一、中　文

（一）專　書

1. 王恢，《中國歷史地理》，台北：台灣學生書局，民國 68 年 4 月第二版。

2. 王吉林，《唐代南詔與李唐關係之研究》，台北：中國學術著作獎助委員會出版，民國 65 年 7 月初版。

3. 王益厓，《水文地理學》，台北：正中書局，民國 67 年 8 月台三版。

4. 王益厓，《中國地理》，台北：正中書局，民國 68 年 8 月台一八版。

5. 王國維，《海寧王靜安先生遺書》，台北：台灣商務印書館，民國 65 年 7 月台一版。

6. 王壽南，《唐代政治史論集》，台北：台灣商務印書館，民國 72 年 4 月二版。

7. 王壽南，《唐代藩鎮與中央關係之研究》，台北：大化書局，民國 67 年 9 月景印初版。

8. 石璋如等，《中國歷史地理》，台北：中華文化出版事業社，民國 57 年 7 月三版。

9. 史念海，《中國史地論稿》，台北：弘文館出版社，民國 75 年 1 月。

10. 札奇斯欽，《北亞遊牧民族與中原農業民族間的和平戰爭與貿易之關係》，台北：正中書局，民國 66 年台二版。

11. 申丙，《黃河通考》，台北：中華叢書編審委員會出版，民國 49 年 5 月。

12. 向達，《唐代長安與西域文明》，台北：明文書局，民國 70 年 9 月初版。

13. 全漢昇，《中國經濟史研究》（上），香港：崇文書店，1976 年 3 月出版。

14. 汪籛，《隋唐史論稿》，北京：中國社會科學出版社，1979 年 4 月第一版。

15. 宋希尚，《歷代治水文獻》，台北：中華文化出版事業委員會，民國 43 年 6 月。

16. 李符桐，《回鶻史》，台北：文風出版社，民國 52 年 7 月初版。

17. 李樹桐，《唐史新論》，台北：台灣中華書局，民國 61 年 4 月初版。

18. 李樹桐，《唐史研究》，台北：台灣中華書局，民國 68 年 6 月初版。

19. 呂思勉，《隋唐五代史》，台北：九思出版社，民國 66 年 12 月台一版。

20. 吳宗嶽，《中國的地緣政治》，台北：中華文化出版事業社，民國 53 年 6 月初版。

21. 吳熙載，《通鑑地理今釋》，台北：新興書局據江蘇書局影印，民國 48 年 11 月初版。

22. 岑仲勉，《中外史地考證》，台北：泰順書局，民國 62 年 1 月出版。

23. 岑仲勉，《通鑑隋唐紀比事質疑》，台北：九思出版社，民國 67 年 5 月台一版。

24. 岑仲勉，《黃河變遷史》，台北：里仁書局，民國 71 年 1 月出版。

25. 岑仲勉，《唐史餘瀋》，台北：弘文館出版社，民國 74 年 3 月。

26. 何永成，《唐代神策軍研究——兼論神策軍與中晚唐政局》，台北：中國文化大學史學研究所碩士論文油印本，民國 71 年 6 月。

27. 何炳棣,《黃土與中國農業的起源》,香港:中文大學出版,1969 年 4 月初版。

28. 何建民,《隋唐時代西域人華化考》,台北:新文豐出版公司,民國 68 年 5 月初版。

29. 金寶祥,《唐史論文集》,蘭州:甘肅人民出版社,1982 年 8 月第一版。

30. 郁賢皓,《唐刺史考》,香港:中華書局,1987 年 2 月初版。

31. 侯林柏,《唐代夷狄邊患史略》,台北:台灣商務印書館,民國 68 年 3 月二版。

32. 姚大中,《古代北西中國》,台北:三民書局,民國 70 年 5 月初版。

33. 梁方仲,《中國歷代戶口、田地、田賦統計》,上海:上海人民出版社,1980 年 8 月第一版。

34. 康樂,《唐代前期的邊防》,台北:國立台灣大學出版委員會,民國 68 年 6 月初版。

35. 張其昀,《中國之自然環境》,台北:中華文化出版事業委員會出版,民國 44 年 12 月出版。

36. 張星烺,《中西交通史料彙編》,台北:世界書局,民國 51 年初版。

37. 張澤咸,《唐五代賦役史草》,北京:中華書局,1986 年 10 月第一版。

38. 陳然等,《中國鹽業史論叢》,北京:中國社會科學出版社,1987 年 12 月第一版。

39. 陳正祥,《中國文化地理》,台北:龍田出版社,民國 71 年 4 月初版。

40. 陳民耿,《地緣政治學》,台北:華岡出版公司,民國 65 年 10 月三版。

41. 陳寅恪,《陳寅恪先生論文集》,台北:九思出版社,民國 66 年 6 月增訂二版。

42. 陶希聖,《唐代之交通》,台北:食貨出版社,民國 63 年 4 月出版。

43. 曾一民,《唐代考課制度研究》,台北:台灣商務印書館,民國 67 年 12 月初版。

44. 傅樂成,《漢唐史論集》,台北:聯經出版事業公司,民國 66 年 9 月初版。

45. 勞經原,《唐折衝府考》,四卷,收入台北:藝文印書館,叢書集成三編之五,郵齋叢書第二函。

46. 楊樹藩,《唐代政制史》,台北:正中書局,民國 63 年 6 月台三版。

47. 黃盛璋,《歷史地理論集》,北京:人民出版社,1982 年 6 月第一版。

48. 葛德石著,薛貽源譯,《中國的地理基礎》,台北:台灣開明書店,民國 73 年 2 月台三版。

49. 雷家驥,《唐代中央權力結構及其演進》,台北:中國文化學院史學研究所六十八年博士論未刊本。

50. 廖幼華，《初唐河東道研究——對外策略的研究》，台北：中國文化大學史學研究所碩士論文油印本，民國 71 年 6 月。

51. 廖幼華，《中古前期河北地區胡漢民族線之演變》，台北：中國文化大學史學研究所博士論文影印本，民國 79 年 5 月。

52. 蔣君章，《中國邊疆與國防》，台北：黎明文化事業公司，民國 68 年 8 月初版。

53. 蔣緯國等，《中國歷代戰爭史》，台北：黎明文化事業公司，民國 65 年 10 月修訂一版。

54. 潘鏞，《隋唐時期的運河和漕運》，西安：三秦出版社，1987 年版。

55. 劉昭民，《中國歷史上氣候之變遷》，台北：台灣商務印書館，民國 71 年 3 月初版。

56. 劉道元，《中國中古時期的田賦制度》，台北：食貨出版社，民國 67 年 12 月台再版。

57. 劉鴻喜，《中國地理》，台北：五南圖書出版公司，民國 73 年 11 月初版。

58. 劉開揚，《高適詩集編年箋註》，台北：漢京文化事業公司，民國 72 年 9 月。

59. 冀朝鼎著，朱詩鰲譯，《中國歷史上的基本經濟區與水利事業的發展》，北京：中國社會科學出版社出版，1981 年 6 月第一版。

60. 譚其驤，《長水集》（下），北京：人民出版社，1987 年 7 月第一版。

61. 藍文徵，《隋唐五代史》，台北：台灣商務印書館，民國 67 年 5 月台三版。

62. 羅伯特，克萊本（Robert Claiborne）著，楊震宇譯，《氣候、人、歷史》，香港：今日世界出版社，1981 年 10 月二版。

63. 羅香林，《唐代文化史》，台北：台灣商務印書館，民國 63 年 6 月台四版。

64. 羅振玉，《唐折衝府考補》，收入台北：藝文印書館，叢書集成三編之六，學術叢編第六函。

65. 韓國磐，《隋唐五代史論集》，北京：生活、讀書、新知三聯書店出版，1979 年 10 月第一版。

66. 嚴耕望，《唐史研究叢稿》，香港：新亞研究所，民國 58 年 10 月初版。

67. 嚴耕望，《唐代交通圖考》，一～五冊，台北：中央研究院歷史語言研究所，民國 74 年 5 月～75 年 5 月。

68. 顧頡剛、史念海，《中國疆域沿革史》，台北：史地研究社出版，民國 66 年。

（二）期刊論文

1. 方積六，〈唐王朝鎮壓黃巢起義領兵統帥考〉，收入《魏晉隋唐史論集》第一輯，1981 年 4 月，頁 232～251。

2. 王桐齡，〈漢唐之和親政策〉，《史學年報》第一卷第一期，民國 18 年 5 月，頁 9～14。

3. 牛潤珍，〈魏晉北朝幽冀諸州要論——兼談南北東西形勢的形成〉，收入《地域社會在六朝政治、文化上所起的作用》一書，日本：學術振興社，1989 年 3 月，頁 96～104。

4. 王永興，〈試論唐代絲紡織業的地區分布〉，《魏晉隋唐史論集》第二輯，1983 年 12 月，頁 269～292。

5. 石萬壽，〈唐迴關係新論〉，《國立成功大學歷史學報》第三號，民國 65 年 7 月，頁 175～210。

6. 札奇斯欽，〈對《回鶻馬》問題的一個看法〉，《食貨月刊復刊》第一卷第一期，民國 60 年 4 月，頁 21～28。

7. 史念海，〈中國古都形成的因素〉，《中國古都研究》第四輯，1989 年 3 月，頁 1～36。

8. 史念海，〈兩唐書地理志互勘〉，《禹貢半月刊》第三卷第六期，民國 24 年 5 月，頁 17～29。

9. 史念海，〈唐代前期關東地區尚武風氣的溯源〉，收入《唐史研究會論文集》，1983 年 9 月，頁 141～169。

10. 朱寶唐，〈七八九世紀間的唐朝與吐蕃〉，《中國邊政》第二十四期，民國 57 年 12 月，頁 5～11。

11. 宋常廉，〈唐代的馬政〉，《大陸雜誌》第二十九卷第一、二期，民國 53 年 7 月，頁 29～33、27～32。

12. 沈忱農，〈唐代利用外援及其影響〉，《中興評論》第四卷第一、二期，民國 46 年 1、2 月，頁 9～10、11～12。

13. 杜洽，〈唐代府兵考〉，《史學年報》第三卷第一期，民國 28 年 12 月，頁 1～27。

14. 杜洽，〈唐初鎮兵考〉，《史學年報》第三卷第二期，民國 29 年 12 月，頁 2～71。

15. 李樹桐，〈唐代之軍事與馬〉，《國立台灣師範大學歷史學報》第二期，民國 63 年 2 月，頁 13～45。

16. 李樹桐，〈唐代的馬與交通〉，《國立台灣師範大學歷史學報》第五期，民國 66 年 4 月，頁 183～228。

17. 李樹桐，〈開元盛世之研究〉，《國立台灣師範大學歷史學報》第六期，民國 67 年 5 月，頁 1～47。

18. 谷霽光，〈鎮戍與防府〉，《禹貢半月刊》第三卷第十二期，民國 24 年 8 月，頁 1～12。

19. 谷霽光，〈安史亂前之河北道〉，《燕京學報》第十九期，民國 25 年 6 月，頁 197～209。

20. 谷霽光，〈西魏北周和隋唐間的府兵〉，《中國社會經濟史集刊》第五卷第一期，民國 26 年 3 月，頁 85～120。

21. 何汝泉，〈唐代轉運使成爲固定職官考〉，《西南師範學院學報》，1982 年第一期，頁 72～79。

22. 吳楓，〈中唐的財政危機及其對策〉，收入《唐史研究會論文集》，1983 年 9 月，頁 45～63。

23. 吳翔寅，〈唐節度使建置分并考〉，《華國月刊》第二卷第九冊，民國 14 年 10 月，頁 3159～3187。

24. 竺可楨，〈中國近五千年來氣候變遷的初步研究〉，《考古學報》1972 年第一期，頁 15～38。

25. 竺可楨，〈中國歷史上氣候之變遷〉，《東方雜誌》第二十二卷第三號，民國 14 年，頁 84～99。

26. 胡寶華，〈試論唐代循資制度〉，《唐史論叢》第四輯，1988 年 7 月，頁 180～199。

27. 袁英光，〈試論唐代藩鎮割據的幾個問題〉，收入《唐史研究會論文集》，1983 年 9 月，頁 268～291。

28. 胡道修，〈開皇天寶之間人口的分布與變遷〉，收入《大學中國史論文選讀》第二冊，1987 年 6 月，頁 14～40。

29. 柳詒徵，〈唐初兵數考〉，《學衡》第四十五期，民國 14 年 9 月，頁 1～13。

30. 侯甫堅，〈中國古都選址的基本原則〉，《中國古都研究》第四輯，1989 年 3 月，頁 37～53。

31. 唐耕耦，〈唐代前期的戶等與租庸調的關係〉，收入《魏晉隋唐史論集》第一輯，1981 年 4 月，頁 185～209。

32. 馬正林，〈論唐宋汴河〉，《陝西師大學報》，1986 年第三期，頁 78～81。

33. 張弓，〈唐五代時期的牙人〉，收入《魏晉隋唐史論集》第一輯，1981 年 4 月，頁 252～266。

34. 張國剛，〈唐代監軍制度考論〉，《中國史研究》1981 年第二期，頁 120～133。

35. 張國剛，〈唐代進奏院考略〉，《文史》第十八輯，頁 83～91。

36. 張國剛，〈唐代藩鎮的歷史眞相〉，《文史知識》，1986 年 9 月，頁 15～22。

37. 張榮芳，〈試論隋唐的山東與關東〉，《食貨月刊》第十三卷一、二期合刊，民國 72 年 5 月，頁 45～57。

38. 程志，〈論中唐藩鎮的本質和作用〉，《東北師大學報》1986 年第六期，頁 39～46。

39. 黃盛璋，〈唐代戶口的分布與變遷〉，《歷史研究》，1980 年 6 月，頁 91～108。

40. 郭聲波，〈隋唐長安的水利〉，《唐史論叢》第四輯，1988 年 7 月，頁 268～286。

41. 楊志玖，〈試論唐代藩鎮割據的社會基礎〉，《歷史教學》1980 年第六期，頁 24～28。

42. 楊志玖、張國剛，〈藩鎮割據與唐代的封建大土地所有制──再論唐代藩鎮割據的社會基礎〉，收入《唐史研究會論文集》，1983 年 9 月，頁 292～305。

43. 楊希義，〈略論唐代的漕運〉，《中國史研究》1984 年第二期，頁 53～66。

44. 雷家驥，〈從戰略發展看唐朝節度使體制的創建〉，《簡牘學報》第八期，民國 68 年 11 月，頁 215～259。

45. 嚴耕望，〈唐代洛陽太原道驛程考〉，《中研院史語所集刊》第四十二本第一分，民國 59 年，頁 5～34。

46. 嚴耕望，〈唐代國內交通與都市〉，《大陸雜誌》第八卷第四期，民國 43 年 2 月，頁 3～5。

47. 嚴耕望，〈談唐代地方行政區劃〉，《民主評論》第十七卷第三期，民國 55 年 3 月，頁 20～21。

48. 嚴耕望，〈唐代文化約論〉，《大陸雜誌》第四卷第八期，民國 41 年 4 月，頁 1～9。

二、日　文

1. 日野開三郎，《東洋史學論集第四卷──唐代兩稅法の研究本篇》，東京：三一書房，1982 年 1 月第一版第一刷。

2. 布目潮渢，《隋唐帝國》，中國の歷史之四，東京：講談社，昭和 54 年 4 月第四刷。

3. 礪波護，《唐代政治社會史研究》，京都：同朋舍，昭和 61 年 2 月初版。

三、英　文

1. Pulleyblank, E. G. *The Background of the Rebellion of An Lu-Shan*. Taipei, Rainbow-Bridge Reprinted, 1973.

2. Twitchett, D. *The Cambridge History of China. Volume 3, Sui and T'ang China, 589~906*. PartI, N.Y. Melbourne, First Published, 1979.